دفاتر
الدكتور ميشيل سيم
جوود

د. دومينيك بييرا

# خشونة المفاصل
# داءٌ له دواء!

ترجمة
د. باسم صابر ميخائيل

دار جامعة حمد بن خليفة للنشر
HAMAD BIN KHALIFA UNIVERSITY PRESS

# المحتويات

**التشخيص الذاتي: ما موقفك من داء الفُصال العظمي؟** ..... 4

**الجزء الأول: ماذا يعني الفُصال العظمي؟** ..... 7

الفصل الأول: **ما آلية عمل المفصل؟** ..... 8

الفصل الثاني: **ليس اعتلالًا مفصليًا واحدًا، بل سلسلة من الاعتلالات المفصلية!** ..... 16

الفصل الثالث: **تطور بسيط في كثير من الأحيان** ..... 23

الوصفة الصحية ..... 27

**الجزء الثاني: تدريبات الدكتور جوود!** ..... 28

الفصل الأول: **المفاصل تنسجم مع العادات اليومية (لكن العادات الصحية السليمة!)** ..... 29

الفصل الثاني: **لكل شخص طريقة علاج خاصة!** ..... 36

الفصل الثالث: **العلاج بالطرق الطبيعية أكثر الوسائل فاعلية!** ..... 44

الفصل الرابع: **دليلك الشخصي للحفاظ على صحة المفاصل** ..... 51

الوصفة الصحية ..... 59

**إلى اللقاء بعد ستة أشهر** ..... 60

**لمزيد من المعلومات** ..... 62

2

# كلمة ميشيل سيم

يعاني ملايين الأشخاص في فرنسا داءَ الفُصال العظمي، وقد تضاعف هذا العدد مقارنةً بما كان عليه في بداية القرن الماضي. والحقيقة أن هذا الداء لا ينجم عن ارتفاع معدلات الشيخوخة، بقدر ما ينجم عن اتباع أنماط حياتية خاطئة، لأنه خلافًا للاعتقاد الشائع، فإن داء الفُصال العظمي لا يصيب الأشخاص الطاعنين في السن فحسب. لا شك أن الجسم البشري يفقد بعض مرونته وقوته وطاقته كلما تقدَّم العمر، ولكن إذا أُتيحت الفرصة للتأقلم مع نمط حياة متوازن، فيمكن لهذه «الآلة البشرية» أن تعمل لفترة طويلة جدًّا من دون أن تعاني آلامًا أو مشكلات تعوقها عن الحركة بشكل جيد. ويُعَد داء الفُصال العظمي أحد الأمراض الشائعة، وهو داء يُصيب مفاصل الجسم، ويتطور تدريجيًّا، لكن يُمكن السيطرة عليه. هناك كثيرون يتراجعون عن استكمال التمارين والأنشطة التي تسبب لهم قدرًا بسيطًا من الألم، ويتقهقرون إلى الوراء، وفي الحقيقة هذه خسارة فادحة!

الأشخاص المصابون بهذا الداء في حاجة إلى من يمد لهم يد العون، أكثر من حاجتهم إلى الدواء، وهذا ليس مبررًا لكيلا يستكملوا مسيرتهم العلاجية، لكن هذه الخطوة ستؤتي ثمارها اليانعة بلا أدنى شك! سوف يحصلون على نتائج رائعة عند اتباع النصائح والتعليمات المقدَّمة إليهم في هذا الكتاب. فضلًا عن أن التحلي بنظرة إيجابية في مواجهة داء الفُصال العظمي سيتيح لهم فرصة تحسين أنماط حياتهم، وهذا أمر لا غنى عنه، ويُعَد هدفًا منشودًا من وراء هذا الدليل الشخصي.

ميشيل سيم

التشخيص الذاتي

# ما موقفك من داء الفُصال العظمي؟

هل يُمكنك تذكُّر هذه العبارة التي ربما لمحتها يومًا ما بعينيك ولم تتعمَّق في تفاصيلها: «داء الفُصال العظمي»؟ ماذا تعني هذه العبارة؟ أجب عن الأسئلة التالية لتُقيِّم نفسك بوضوح قبل استشارة الطبيب.

| | | |
|---|---|---|
| 1. تمارس الرياضة كثيرًا منذ أن بلغت سن الثامنة (تتدرَّب أكثر من مرَّة في الأسبوع): | نعم ☐ | لا ☐ |
| 2. أنت شخص رياضي: | نعم ☐ | لا ☐ |
| 3. تجلس كثيرًا أمام الحاسوب لإدخال كثير من البيانات: | نعم ☐ | لا ☐ |
| 4. تشعر بألم في رُكبتيك عندما تهبط السلم: | نعم ☐ | لا ☐ |
| 5. والدتك مصابة بالروماتيزم (داء التهاب المفاصل): | نعم ☐ | لا ☐ |
| 6. تتعرض يداك للتيبس مما يسبب ألمًا في مفاصل الأصابع: | نعم ☐ | لا ☐ |

| | | |
|---|---|---|
| 7. أُصبت بتمزق أربطة الرُّكبة: | نعم ☐ | لا ☐ |
| 8. تجد استحالة في النهوض عن مقعدك من دون استخدام ذراعيك: | نعم ☐ | لا ☐ |
| 9. تعاني تصلبَ المفاصل وتيبسها عندما تنهض من نومك، وتحتاج دائمًا إلى خمس دقائق لتشعر بأنك على ما يرام: | نعم ☐ | لا ☐ |
| 10. تلقيت علاجًا بواسطة الحقن الموضعي: | نعم ☐ | لا ☐ |
| 11. تعرضت لحادث حين كنت تجلس خلف مقود السيارة (حادث نجم عنه الاصطدام بشدة بمقود السيارة): | نعم ☐ | لا ☐ |
| 12. تتناول مسكنات الألم من حين إلى آخر: | نعم ☐ | لا ☐ |
| 13. تتعرض لأكثر من ثلاث نوبات ألم حادة في الجسم كل عام: | نعم ☐ | لا ☐ |
| 14. لا ينتابك أي شعور بالألم إلا حينما تبذل مجهودًا شاقًّا: | نعم ☐ | لا ☐ |
| 15. الألم يوقظك في أثناء الليل: | نعم ☐ | لا ☐ |
| 16. تعاني زيادة الوزن منذ فترة طويلة: | نعم ☐ | لا ☐ |
| 17. تعرج أحيانًا حين تشرع في المشي: | نعم ☐ | لا ☐ |

## احسب نقاطك!

| نعم | نعم | نعم |
|---|---|---|
| | | |

**النمط الأول: أنت أكثر عُرضةً للإصابة بداء الفُصال العظمي**

لقد أجبت بـ«نعم» عن سؤال واحد أو أكثر من الأسئلة المطروحة أرقام 1، و2، و3، و5، و7، و11، و16 (المكتوبة باللون الأحمر): قد تكون مُصابًا بهشاشة في أحد مفاصلك أو أكثر من مفصل بسبب الأنشطة الترفيهية أو المهنية التي اعتدت ممارستها، أو ربما يعود الأمر إلى تاريخ العائلة المَرضي، مما يجعلك أكثر عُرضةً لخطر الإصابة بداء الفُصال العظمي. سيؤثر نمط حياتك حتمًا في مستقبل مفاصلك. كُن حذرًا: يجب أن تتبع الإرشادات الوقائية الواردة في هذا الكتاب، وتسعى جاهدًا لممارسة رياضة مناسبة، مثل: ركوب الدراجة، أو السباحة، أو المشي (انظر صفحة 30).

**النمط الثاني: أنت مصاب بدرجة طفيفة بداء الفُصال العظمي**

لقد أجبت بـ«نعم» عن سؤال واحد أو أكثر من الأسئلة المطروحة أرقام 4، و9، و12، و14 (المكتوبة باللون الأزرق): أعراض الإصابة بداء الفُصال العظمي تبدو معتدلة. احرص دائمًا على الاهتمام بمرونة الجسم والاحتفاظ بجهاز عضلي جيد لمواصلة الحركة بلا صعوبة. ولا تتردد في البحث عن بعض المكملات الغذائية (انظر صفحة 44)، ويمكنك أيضًا أن تجرب الحقن بحمض الهيالورونيك (انظر صفحة 40).

**النمط الثالث: أنت مصاب بالفعل بداء الفُصال العظمي**

لقد أجبت بـ«نعم» عن سؤال واحد أو أكثر من الأسئلة المطروحة أرقام 6، و8، و10، و13، و15، و17 (المكتوبة باللون الأخضر): الأعراض موجودة بالفعل والأضرار بالغة. يجب الخضوع لإشراف طبي للتخفيف من حدة الألم والتقليل من الشعور بالضيق والانزعاج حتى لا تكون عُرضةً للإصابة بالإعاقة. سيكون من الجيد تناول الأدوية المضادة للالتهابات في أثناء التعرض لنوبات ألم حادة (انظر صفحة 37)، أو اللجوء إلى جلسات العلاج الطبيعي (انظر صفحة 48)، أو العلاج بواسطة المياه المعدنية الحارة (انظر صفحة 49).

## الجزء الأول

# ماذا يعني الفُصال العظمي؟

يُعَد الفُصال العظمي مرضًا أكثر تعقيدًا مما يبدو عليه، فهو يؤثر في أجزاء المفصل كلها بشكل محدد، حيث يتآكل الغضروف ببطء. وفور ظهور المرض، تظهر الأعراض المزعجة. فلنبدأ بإلقاء نظرة متفحصة على كيفية عمل المفصل، والسبب وراء تعطل عمله فجأة، والأخطار التي يجب أن نتنبه إليها.

**الفصل الأول**

# ما آلية عمل المفصل؟

إذا كانت بعض المفاصل تُشكِّل الكاحلين والرسغين الرقيقين، فبعضها الآخر يُبطِّن عظام الرُّكبتين. وبغض النظر عن شكل المفصل، فهو يتألف من العناصر نفسها، ويتضح هذا جيدًا من خلال الرسم التشريحي للمفصل.

## المفصل السليم يؤدي عمله على أكمل وجه

تشبه مفاصلنا تروس الآلة التي لا نعيرها اهتمامًا ما دام كل شيء يسير على ما يُرام. وحين نلقي نظرة متفحصة على آلية عمل هذه التروس، نقول لأنفسنا: «إن السبب في مرونتها يعود إلى كونها «مُغطاة بالزيت» جيدًا».

### آلية تتسم بالدقة

يمكن تشبيه المفصل بلعبة تركيب الصور: لكي تندمج جميع عناصر المفصل معًا، وتعمل بطريقة مثالية للغاية، فلا بد أن يكون كل عنصر من هذه العناصر في موضعه الصحيح.

### غطاء يغلف أطراف العظام ويوحدها

المفصل هو مكان التقاء عظمتين، فالأطراف العظمية محاطة دائمًا بغطاء يحد التجويف المفصلي. دوره: يتمثل في إبقاء العظام في مواجهة بعضها في أثناء وقتَي الراحة والحركة.

### مادة تشحيم لزجة تُسهِّل الحركة

غطاء المفصل مبطن بغشاء يفرز ويرشح مادة مماثلة لزلال البيض، ويحتوي على حمض الهيالورونيك (جزيء مرطب): السائل الزلالي.

دوره: يتمثل في تشحيم وتزييت أسطح المفاصل، مما يسمح لها بالتحرك بسلاسة والتناغم بسهولة، كما أنه يُنظف المفاصل، فيزيل الأجزاء التالفة من الغضروف بانتظام، حيث تُختزل إلى جزيئات صغيرة، وتُطلق إلى مجرى الدم ثم إلى مجرى البول.

## امتصاص الصدمات

يتكون الغضروف، وهو النسيج الذي يغطي طرفي العظام، من عدة عناصر: خلايا تسمى «الخلايا الغضروفية»، والكولاجين، والبروتيوغليكان. تشكّل الخلايا الغضروفية مكونات الغضروف الأساسية، بينما يضمن الكولاجين تماسك الغضروف وقوته، أما البروتيوغليكان فهو عبارة عن قشرة إسفنجية تمتص الماء ثم تُطلقه حسب حاجة المفصل. وتُعَد عملية امتصاص الماء ثم إطلاقه أمرًا في غاية الأهمية، لأن الغضروف لا يحتوي على أي أوعية دموية، فضلًا عن أنها تسمح للخلايا الغضروفية بالتغذي على نفسها من خلال الانتشار.

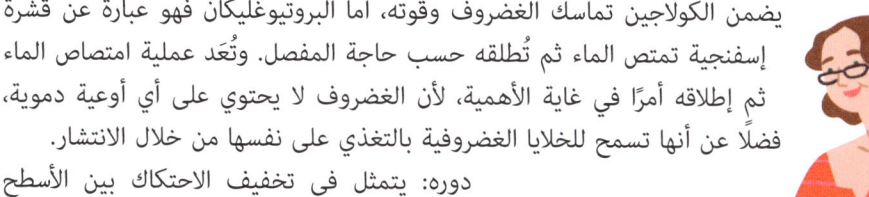

دوره: يتمثل في تخفيف الاحتكاك بين الأسطح العظمية في أثناء الحركة، وامتصاص الصدمات والشد والضغط الحركي، إذ تتعرض الرُّكبتان والكاحلان إلى ضغط شديد عند الوقوف!

## العضلات والأوتار الداعمة لها

تلتصق العضلات بقوة بالأطراف العظمية بفضل وجود الأوتار.

دورها: يتمثل دور العضلات والأوتار في ضمان المتانة والصلابة وسهولة حركة المفصل.

### الرسم التشريحي للمفصل

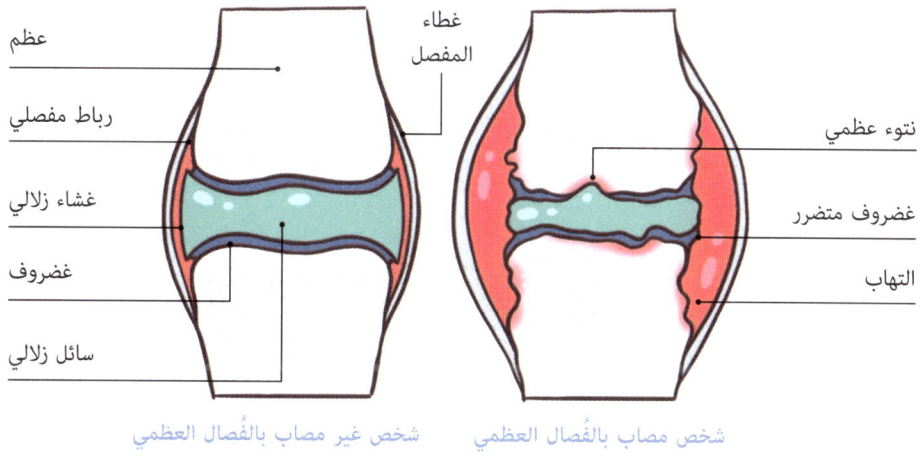

شخص مصاب بالفُصال العظمي     شخص غير مصاب بالفُصال العظمي

الفصل الأول: ما آلية عمل المفصل؟

## لكل مفصل وظيفة محددة

نعم، والجدير بالذكر أن الرُّكبة تختلف عن الفقرات. ولضمان سلاسة الحركة، يتكيف الغضروف المفصلي الممتص للصدمات مع نوع المفصل، ويُستبدل «الزيت» بانتظام.

### بعض المفاصل حركتها سريعة، وبعضها الآخر أقل حركة

هناك نوعان رئيسيان من المفاصل: المفاصل حرة الحركة (الرُّكبة، الكاحل، الكوع، حُق الفخذ، إلخ)، وتسمح بالحركة إلى الأمام وإلى الخلف في مستوى واحد. والمفاصل محدودة الحركة (الفقرات)، المصممة للتحرك بشكل جزئي.

### الخلايا الغضروفية تتحكم في كل شيء

بقاء المفاصل في وضع جيد يعتمد إلى حدٍّ كبير على الخلايا الغضروفية التي تتجدد بانتظام. فعندما نبلغ سن الخمسين، لا نتمتع بغضروف الرُّكبة الذي كان لدينا في سن العشرين، وقد سبق أن أعاد الغضروف بناء نفسه عدة مرات. وفي الواقع، يعتمد هذا الأمر على كفاءة الغضروف.

### قلة الحركة أو انعدامها قد يؤدي إلى تلف الغضاريف

المفاصل سريعة التأثر بالحركة: إن الضغط الذي تتعرض له المفاصل في أثناء الحركة يُعَد حافزًا قويًّا للخلايا الغضروفية الشهيرة. وهذه الخلايا بدورها تضمن سلامة الغضروف وتساهم في تجدده. باختصار، وهذا قد يثير دهشتك، المفاصل تبلى وتتلف فقط إذا لم نستخدمها!

# لماذا تتلف المفاصل؟

قد تجد صعوبة في ثني الرُّكبة، أو تشعر بآلام مبرحة في الكتف، أو عدم القدرة على تحريك الأصابع، وقد يدور بخلدك أن الغضروف المفصلي لم يعد فعالًا، لكن ليس هذا هو السبب الوحيد وراء حدوث هذا النوع من التلف.

## يأتي الغضروف دائمًا في المقدمة

### انخفاض كفاءة الغضروف

ينجم الفُصال العظمي عن وجود خلل أو اضطراب داخل الترس نفسه. فيبدأ الأمر بحدوث اختلال في التوازن (هشاشة العظام الوراثية، أو إجهاد المفاصل، إلخ) بين تكوُّن الغضروف الثمين أو بنائه مرة أخرى وحدوث تلف به. في بداية الأمر، تعيد الخلايا الغضروفية التوازن إلى ميدان المعركة عن طريق زيادة تخليق الغضروف وبنائه من جديد، ولكي تنجح في إنجاز مهمتها، تعمد إلى استدعاء البروتيوغليكان لمؤازرتها، وهي الخلايا الإسفنجية للغضروف المسؤولة عن نقل الماء والعناصر الغذائية، ولكن مع مرور السنين، تنضب الخلايا الغضروفية والبروتيوغليكان، مما يؤدي إلى إضعاف الغضروف وتآكله.

## تآكل الغضروف

عندما تُصبح الأولوية لإتلاف الغضروف بدلًا من إعادة تكوينه وتجديده، يفقد هذا الغضروف سماكته. ربما يحد اللجوء إلى إنقاص الوزن من دوره بوصفه ممتصًّا للصدمات بين الأسطح العظمية، ولكن بما أن هذا التآكل قد لا يصل إلى الأعصاب، فهذه المرحلة الأولى لا ينجم عنها أي شعور بالألم. وبالتالي، يمكن أن تحدث هذه الظاهرة من دون أن يلاحظها أحد لفترة طويلة من الوقت.

# العظام تعاني أيضًا

## أطراف العظام تتشقق

عندما تنخفض سماكة الغضروف، تتشكل تدريجيًّا تشققات في أطراف العظام، فتبدو سطحية في بداية الأمر، لكنها تصبح أكثر عمقًا شيئًا فشيئًا، مما يؤدي إلى تآكل ونخر العظام تحت الغضروفية (التي تقع أسفل الغضاريف مباشرة). وتقل استجابة حركة العظام تحت الغضروفية في الاتجاهات كلها: تتآكل، وتنطلق عوامل النمو التي تتسبب في حدوث نتوءات عظمية - المناقير العظمية الشهيرة - فتتشكل الثقوب. ونظرًا إلى أن العظام لم تعد محمية بشكل صحيح بواسطة الغضروف، فإن الألم يظهر في أثناء الحركة.

## معاناة الغشاء الزلالي

ينتج عن تلف الغضروف حطام يتجمع في السائل الزلالي. ويُعَد الغشاء الزلالي المسؤول الوحيد عن إزالة هذا الحطام وطرده خارج الجسم، لكن أحيانًا لا تسير الأمور كما نحب! ففي بعض الأوقات يُصاب الغشاء الزلالي بالتهيج أو الالتهاب، ثم يبدأ في إفراز كثير من السائل الزلالي، وهذا ما يُطلق عليه «الانصباب المفصلي»، إذ يتعرَّض المفصل للانتفاخ ويتهيج مما يسبب ألمًا مبرحًا. إضافةً إلى ذلك، تُنتج خلايا المفصل التالفة أو البالية جذورًا حرة، عبارة عن جزيئات غير مستقرة تسرع من شيخوخة الجسم بوجه عام، وشيخوخة المفصل بوجه خاص، وتتراكم حبيبات الرمل الصغيرة، وتصدأ كل تروس المفاصل! وهكذا يصاب الجسم بداء الفُصال العظمي من دون أن يلاحظ المريض هذه الظاهرة لفترة طويلة، ثم يعلم لاحقًا بهذا الأمر المفجع.

**المراحل الثلاث لتطور الإصابة بداء الفُصال العظمي**

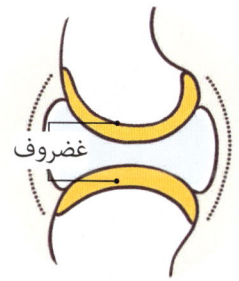

المرحلة الأولى: تشققات سطحية

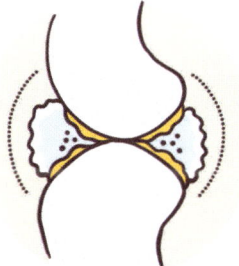

المرحلة الثانية: تشققات أكثر عمقًا

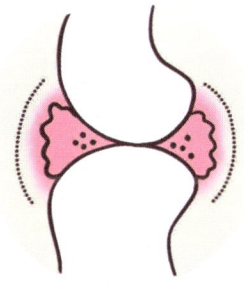

المرحلة الثالثة: اختفاء الغضروف عمليًّا

## الأسباب الكامنة وراء المشكلة

لماذا يجب عليَّ أن أعير هذا الأمر اهتمامًا؟ في الواقع، لا يوجد سوى ردٍّ واحد، وهو: يعود ظهور داء الفُصال العظمي إلى عوامل عدة، ولذلك تعتمد صحة الغضاريف على تجربة كلِّ شخص منا على حدة.

### إجهاد المفاصل أمر ملموس بالفعل!

**أرقام حول الفُصال العظمي في فرنسا**

10 ملايين شخص مصابون بمرض الفُصال العظمي.
5 ملايين شخص يعانون أعراضه بشكل يومي.
3% ممن تقل أعمارهم عن 45 سنة قلقون من هذا الأمر.
65% ممن تبلغ أعمارهم أكثر من 65 عامًا يشكون من الأعراض.
80% ممن تبلغ أعمارهم أكثر من 80 عامًا يعانون الأعراض.
السبب الأول لحدوث إعاقة بعد 40 عامًا من العمر.
المصدر: www.inserm.fr, AFLAR

### ممارسة ضغط أكثر من اللازم

لا تتعرض الأربعمائة مفصل التي خلقها الله في أجسادنا للضغوط نفسها، فالمفاصل التي نعتمد عليها في أثناء الوقوف (مفاصل الرُّكبة، وحُق الفخذ) تتعرض للقدر الأكبر من الضغط. عند المشي تتعرض الرُّكبتان لضغط يعادل ثلاثة أضعاف إلى خمسة أضعاف وزن الجسم! لا عجب إذن أن الرُّكبتين هما أول ما يخور في الجسم ويصيبهما الإجهاد حينما يؤثر نمط الحياة فيهما سلبيًّا: تؤثر زيادة الوزن في جميع مفاصل الجزء السفلي من الجسم، كما أنها تُلحق الضرر بالرُّكبتين، وبحُقي الفخذين، والكاحلين، وكذلك الحال أيضًا عندما يتعلق الأمر بتكرار حمل الأشياء الثقيلة (انظر صفحة 14).

### التأثيرات الحركية المتكررة

في بعض الأحيان، لا يكون الضرر الذي يصيب المفصل نتيجة تعرضه لأكبر قدر من الضغوط والإجهاد، بل نتيجة تأثره بالحركات المتكررة التي تولد باستمرار ضغطًا تلقائيًّا على الأماكن نفسها، وتسبب التمزقات الدقيقة لألياف العضلات (الكتابة على لوحة المفاتيح، واستخدام المثقب الكهربائي). وغالبًا ما تكون المفاصل الصغيرة، ولا سيما مفاصل اليدين، هي الأكثر تأثرًا بمثل هذه الحركات المتكررة. وهناك مصدر آخر يتسبب في مثل هذه الضغوط المتكررة، وهذه المرَّة غالبًا ما يؤثر في المفاصل كلها: ممارسة التمارين الرياضية بكثافة (انظر صفحة 15).

### يتعلق الأمر أحيانًا بهشاشة العظام وضعفها

لا يُعَد الإنهاك أو الإجهاد السبب في الإصابة بداء الفُصال العظمي، لكن ما ينجم عنهما من آثار. فالغضروف لا يتآكل بسبب الإفراط في استخدامه، ولكنه يتآكل ويتلف بسبب استعماله بطريقة سيئة. باختصار، تكمن المشكلة في «ظروف العمل» التي يتعرض لها، وتؤدي بدورها إلى تدهور حالته وإتلافه خلال فترة قليلة من الوقت. ومع ذلك، يختلف هذا الوضع وفقًا لعمل المفاصل على نحو طبيعي أو وجود خلل بها: إذا تعرض الغضروف للتلف أو التآكل بسبب وجود خلل بنيوي في أحد أعضاء الجسم

الفصل الأول: ما آلية عمل المفصل؟ **12**

(اختلال محاذاة عظام الطرفين السفليين على سبيل المثال)، فسيتعرض هذا الغضروف للتلف والانهيار الكلي بسرعة أكبر.

### بعض الأمراض الأخرى تلعب دورًا كبيرًا

في حين أن داء الفُصال العظمي أكثر أمراض المفاصل شيوعًا، إلا أن هناك كثيرًا من الأمراض الأخرى التي تتسبب في حدوث الاعتلال المفصلي: بعض الأمراض تصيب الغضروف، مثل التكلس الغضروفي، وينجم عنها تراكم رواسب الكالسيوم على الغضروف، وبعض الأمراض الأخرى تصيب المفاصل، ويمكن أن تكون التهابية (التهاب المفاصل الروماتويدي، والتهاب الفقار التصلبي) أو مُعدية، وبعضها يتمثل في أمراض المناعة الذاتية التي تؤثر في المفاصل (الذئبة، ومتلازمة شوغرِن)، وهذا النوع من الأمراض يتطلب إجراء فحوصات طبية إشعاعية.

## التعرض للحوادث يترك أثرًا

### الكسور المعالجة بطريقة غير صحيحة

يرتبط خطر الإصابة بداء الفُصال العظمي ارتباطًا وثيقًا وبشكل طبيعي بالكسور التي تحدث حول المفصل أو بالقرب منه، كما هي الحال مع كسور إحدى عظام الكاحل أو الالتواءات المفصلية الخطيرة أو الانخلاع المتكرر، خصوصًا عندما تكون عملية إعادة التأهيل سطحية وزهيدة بعض الشيء.

### الإصابات والجروح

يُعَد تمزق أربطة الرُّكبة أو تلف الغضروف المفصلي من العوامل الرئيسية التي تؤدي إلى الإصابة بداء الفُصال العظمي في الرُّكبة بعد مرور عدة سنوات، كما أن الاستئصال الجراحي للغضروف المفصلي يجعل المريض عُرضةً لخطر الإصابة بداء الفُصال العظمي، وهذا هو السبب الكامن وراء تراجع إجراء مثل هذه العمليات الجراحية الخطيرة في الآونة الأخيرة.

## مَن الأشخاص الأكثر عُرضةً للخطر؟

### ذوو الخمسين عامًا وما فوقها

أشارت جميع الدراسات إلى أن خطر الإصابة بداء الفُصال العظمي يتزايد كلما تقدم الإنسان في العمر، وتشير الإحصائيات إلى أن 80% من الأشخاص الذين تزيد أعمارهم على ثمانين عامًا يتعرضون للإصابة بهذا المرض. لكن يمكن أن يصاب المرء في سن مبكرة، هذه هي الحال بالنسبة إلى 3% ممن تقل أعمارهم عن خمسة وأربعين عامًا، ويرجع ذلك عادةً إلى حالات محددة، مثل الإصابة بالجروح والصدمات الجسدية.

### تأتي النساء في المقدمة

النساء في كثير من الأحيان أكثر عُرضةً للإصابة بداء الفُصال العظمي من الرجال، وهذا ليس لأن متوسط أعمارهن يزيد على متوسط أعمار الرجال فحسب، بل لأن الهرمونات

تلعب دورًا محوريًّا في هذه الظاهرة. كيف يحدث هذا تحديدًا؟ لا يوجد تفسير واضح، لكن تجدر الإشارة إلى أن التآكل الغضروفي يزداد على نحو واضح وسريع بعد انقطاع الطمث. ويبدو جليًّا أن النساء اللواتي لديهن مستويات منخفضة من هرمون الإستراديول (هرمون أنثوي) يشتكين في كثير من الأحيان من الإصابة بداء الفُصال العظمي في الرُّكبة. هل العلاج باستخدام هرمونات بديلة لانقطاع الطمث يقي من الإصابة بداء الفُصال العظمي؟ لا يزال هذا السؤال قائمًا.

هل هذا الأمر خطير سيدي الطبيب؟

## هل سيصاب كل شخص بداء الفُصال العظمي؟

**يتوقف هذا الأمر على ما نتحدث عنه. إذا كنا نتحدث عن الفُصال العظمي الذي ينتج عنه ألم مبرح في الجسم ويصيبه بالتيبس أو التصلب، فالإجابة بالطبع هي «لا». وإذا أجرينا فحوصات طبية بالأشعة السينية على كبار السن جميعهم، فسنلاحظ بلا شك أعراضًا بسيطة لمرض الفُصال العظمي، وهذه الأعراض لا تسبب بالضرورة ألمًا مبرحًا. لن يصاب البشر جميعهم بهذا المرض.**

## العامل الوراثي يلعب دورًا أساسيًّا

على الرغم من عدم اكتشاف جين محدد يسبب الإصابة بداء الفُصال العظمي، فإن بعض العائلات تتأثر بهذا المرض أكثر من غيرها، وغالبًا ما يكون المفصل المصاب لدى الأبناء هو المفصل نفسه لدى الوالدين أو الأجداد. وبالتالي، فإن الإصابة بداء الفُصال العظمي في حُق الفخذ ربما يكون لها أصل وراثي. ومن الجدير بالذكر أيضًا أنه إذا كانت والدتك أو عمتك تعاني الإصابة بداء الفُصال العظمي في اليدين، فإنك أكثر عُرضةً للإصابة بهذا الداء.

## الخلل في حُقي الفخذين والرُّكبتين

رُصدت بين الأطفال الصغار حالات مصابة بخلل التنسج (اختلال التموضع) في منطقة حُق الفخذ. هؤلاء هم الأطفال الذين يقمطون بطريقة خاطئة (حيث تكون الرُّكبتان متباعدتين) لعدة أسابيع. وذلك لأن التواء منطقة حُق الفخذ بطريقة غير صحيحة قد يؤدي إلى الإصابة بداء الفُصال العظمي. وتحدث المشكلة نفسها أيضًا في الرُّكبتين عندما تكون الزاوية بين عظم الفخذ والظُّنبوب (إحدى عظام الساق) غير منضبطة (الرُّكبة الفحجاء والرُّكبة الروحاء)، وعندما تكون الضغوط التي تتعرض لها أجزاء الغضروف المختلفة غير موزعة جيدًا. ويُعَد هذا النوع من الخلل أحد العوامل الرئيسية في الإصابة بداء الفُصال العظمي.

## بعض المهن تتسبب في إتلاف المفاصل

الحمَّالون والعمال الذين يعكفون على نقل حمولات ثقيلة يعرضون ظهورهم ورُكبهم لضغوط شديدة. وبعض المهن التي تستدعي الجلوس في وضعية القرفصاء أو الركوع على الرُّكبتين عشرين مرة في اليوم (عُمال تركيب الأرضيات) يجهدون الرُّكبتين كثيرًا. والخياطات والمحاسبون والأشخاص الذين يجلسون كثيرًا أمام الحاسوب لإدخال البيانات هم أكثر عُرضةً للإصابة بداء الفُصال العظمي في اليد أكثر من غيرها.

## السوابق المرضية

يُمكن لأي حادث مهني أو ترفيهي أو رياضي نجمت عنه إصابة في العظام أو الأربطة أن يؤدي إلى ظهور أعراض الفُصال العظمي على الجسم بعد مرور عشرة إلى عشرين عامًا، خصوصًا إذا كانت الإصابة قد امتدت لفترة طويلة وكان من الصعب معالجتها. ولكن إعادة التأهيل الطبي الجيد والحفاظ على صحة العضلات ومرونتها يحدان من مخاطر الإصابة.

## معظم الرياضيين المشهورين يدفعون ثمنًا باهظًا

نراهم دائمًا متحمسين ويسعون إلى الفوز مهما كلفهم الأمر، ولذلك لا يحسبون ساعات تدريبهم. ولكن ليس كل ما يتمناه المرء يدركه! إذ تبدأ المشكلات في الظهور عندما تفوق المتطلبات إمكانات الجسم البشري. ولا بد أن ندرك الآن أن ممارسة الرياضة بكثافة في سن مبكرة، أي قبل سن البلوغ، تلعب دورًا مهمًّا ومؤثرًا في صحة المفاصل في المستقبل. هذا هو السبب وراء مراقبة الرياضيين المحترفين عن كثب وفحصهم بصورة مستمرة من قِبل الفرق الطبية.

# تخلص

## من الأفكار المغلوطة!

### هل الفُصال العظمي والتهاب المفاصل مرضان متماثلان؟

**في الحالتين يكون المفصل مريضًا، لكن مسببات المرضين متباينة. الفُصال العظمي مرض ينجم عن تآكل الغضروف وتشوهه: يتعرض المفصل لضغوط وإجهاد مفرط. أما التهاب المفاصل فينجم عن حدوث التهاب: وهو مرض مناعي (التهاب المفاصل الروماتويدي)، أو مُعدٍ (التهاب المفاصل الإنتاني)، أو ينجم عن اضطرابٍ استقلابي (النقرس)، مما يجعل المفصل ملتهبًا.**

الفصل الثاني

# ليس اعتلالًا مفصليًّا واحدًا، بل سلسلة من الاعتلالات المفصلية!

في حين تشترك الاعتلالات المفصلية في بعض النقاط البارزة، فإن أعراضها تختلف من شخص إلى آخر، وهناك عاملان رئيسيان يتحكمان في هذه الأعراض: مكان الإصابة، ومعدل تطور المرض.

## الرُّكبة وحُق الفخذ، هما الأكثر تضررًا

تحمل هاتان المنطقتان ثقل أجسادنا يوميًا، لذا فلا عجب أن هذين المفصلين الأكثر تضررًا والأكثر عُرضةً للإصابة بداء الفُصال العظمي.

## الفُصال العظمي للرُّكبة عادةً ما ينجم عن تدهور تدريجي

التمدد والانثناء والركوع على الأرض: تتعرض الرُّكبة لضغوط متعددة وإجهاد طوال اليوم، لكن بعضها يتكرر أكثر من البعض الآخر، وهذا ما يستدعي القلق.

### مَن الأشخاص الأكثر عُرضةً للإصابة؟

النساء هن الأكثر عُرضةً للإصابة، لكن الفُصال العظمي للرُّكبة شائع أيضًا عند الرجال. وتشير الإحصائيات إلى أن 44% من الأشخاص سيصابون يومًا بهذا المرض الخطير، وهذا يعني أن هناك عاملين رئيسيين يتحكمان في ظهور الأعراض: زيادة الوزن، وممارسة التمارين الرياضية بصورة مكثفة، ولا سيما التمارين والأوضاع التي تعرِّض الرُّكبتين لضغط كبير، وبالتالي ينجم عنها اصطدامات مباشرة (الرياضات الجماعية مثل كرة القدم والرجبي والتزلج وسباقات العدو، إلخ). وتُعَد أيضًا التشوهات المورفولوجية للرُّكبة سببًا أساسيًّا في الإصابة بداء الفُصال العظمي الثانوي.

## أين موضع الألم؟

يعتمد الأمر على الجزء المصاب من الرُّكبة، لأن الفُصال العظمي يمكن أن يمتد بين الرَّضفة وعظم الفخذ، أو بين عظم الفخذ والظُّنبوب، أو يمتد في جميع أنحاء المفصل. ويبدأ الألم غالبًا في جانب واحد من الرُّكبة (ألم داخلي أو سطحي). في بداية الأمر ينتابنا شعور بالألم من وقت إلى آخر عندما نحرِّك المفصل، أو عند الانحناء أو صعود أو هبوط الدرج، ويهدأ الألم في وقت الراحة، لكن مع مرور الوقت يظهر على نحو أسرع وبصورة منتظمة. قد تتيبس الرُّكبة في بعض الأحيان، وتنتفخ وتتورم (الانصباب المفصلي) وتتصلب، فيجد المُصاب صعوبة بالغة في المشي بعد الجلوس لفترة من الوقت.

> **أضف إلى معلوماتك**
>
> - يتسبب الفُصال العظمي للرَّضفة في شعور المريض بألم مبرح في مقدمة الرُّكبة في أثناء الركوع، ويشتد الألم في أثناء هبوط الدرج أكثر من صعوده.
> - يسبب الفُصال العظمي الفَخذي الظنبوبي مزيدًا من الألم الذي يمتد في كل أجزاء الرُّكبة.

## الفُصال العظمي لحُق الفخذ يتسبب في انتقال الألم من مكان إلى آخر!

إن لم تكن تمارس تمارين التمدُّد بالأرجل المتباعدة بصورة يومية، مثل الراقصين، فأنت بالطبع لا تُخضع منطقة الفخذين لحركات متكررة ودائمة، وقد يتسبب ذلك في تعرُّض هذه المنطقة للتآكل.

### يتوقف الأمر على المنطقة المصابة

يصيب النوعان الأكثر شيوعًا من الفُصال العظمي لحُق الفخذ: الجزء العلوي السطحي من المفصل (60% من الحالات)، والجزء العلوي الداخلي من المفصل (30% من الحالات، في كثير من الأحيان عند النساء). ولكن في بعض الأحيان يُصاب المفصل بأكمله. وكما هي الحال في إصابة الفُصال العظمي للرُّكبة، غالبًا ما يلعب الوزن الزائد دورًا رئيسيًا في الإصابة بهذا النوع من الاعتلال. ولا شك أن وجود تشوه أو خلل في المفصل يُعَد سببًا رئيسيًا أيضًا ويجب عدم تجاهله.

### تفرد بروتاني وخصوصيتها

إذا كان لديك جد تعود أصوله إلى منطقة بروتاني، ويعرج في أثناء المشي، فربما تكون على دراية بأن اعتلال مفصل حُق الفخذ هو المرض الأكثر شيوعًا في هذه المنطقة. يحدث هذا الأمر أحيانًا نتيجة لتشوه في منطقة حُق الفخذ (خلل التنسج)، وقد لوحظ في كثير من الأحيان بين سكان بروتاني. هذا الأمر يرتبط أيضًا بجين وراثي خاص يتدخل في تشكيل المفاصل. لكن هذه السمة المميزة لهؤلاء السكان أصبحت أقل وضوحًا اليوم، بسبب اكتشاف خلل التنسج عقب

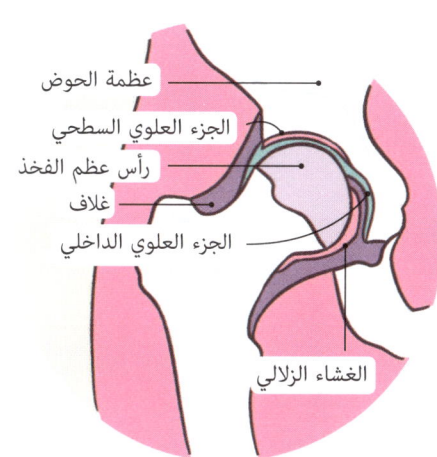

**رسم تشريحي للفخذ**

- عظمة الحوض
- الجزء العلوي السطحي
- رأس عظم الفخذ
- غلاف
- الجزء العلوي الداخلي
- الغشاء الزلالي

الفصل الثاني: ليس اعتلالًا مفصليًا واحدًا، بل سلسلة من الاعتلالات المفصلية!

الولادة ومعالجته وتصحيحه جراحيًّا إذا لزم الأمر. وعلى الرغم من ذلك، يوجد ما يُسمى بـ«خلل التنسج البسيط» الذي يمر مرور الكرام من دون أن يلاحظه أحد، ويمكن أن يؤدي إلى الإصابة بداء الفُصال العظمي في وقت لاحق.

## أين موضع الألم؟

الأمر المثير للدهشة هو أن الألم لا يصيب كثيرًا منطقة الفخذ! عادةً ما يسبب الفُصال العظمي لحُق الفخذ ألمًا في منطقة ثنية الفخذ أو الأرداف، وأحيانًا في أسفل الأرداف أو في الجانب العلوي من الفخذ. وتتطور الإصابة، في أغلب الأحيان، تدريجيًّا، ويزداد الشعور بالألم والانزعاج شيئًا فشيئًا مع مرور السنين. ومع ذلك، هناك أشكال من الإصابة «حادة أو عدوانية» تؤدي إلى تلف المفصل وانهياره سريعًا. عندئذ تزداد حدة الألم، مما يُعكر صفو النوم ليلًا، ويُصبح المشي لمسافة طويلة أمرًا صعبًا، وغالبًا ما يتخلله العرج.

# المفاصل الأخرى لا تنجو من براثن هذا المرض

على الرغم من أن بعض المفاصل أكثر هشاشة وضعفًا من غيرها، فيمكن أن تتعرض جميعها لضغوط تترك آثارًا وتضعفها مع مرور الوقت.

**أجزاء الجسم التي تصاب بالفُصال العظمي**

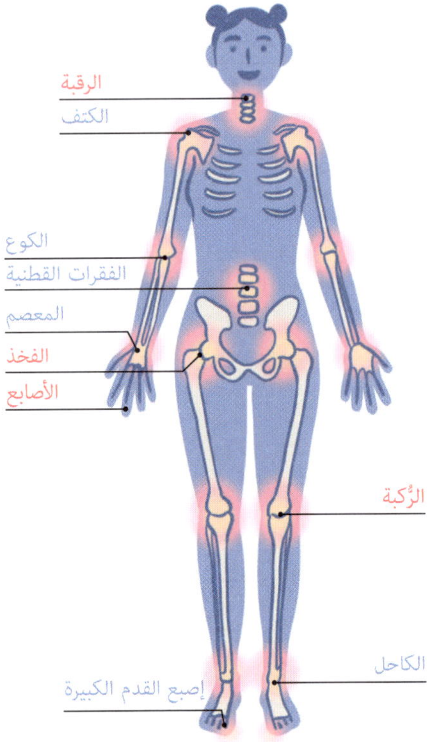

الرقبة
الكتف
الكوع
الفقرات القطنية
المعصم
الفخذ
الأصابع
الرُّكبة
الكاحل
إصبع القدم الكبيرة

باللون الأحمر: المفاصل الأكثر إصابة

باللون الأزرق: المفاصل الأقل إصابة

## تميل الرقبة إلى التيبس والتصلب مع مرور الوقت

إذا كنت تمارس بعض التمارين الخاصة بلياقتك البدنية، فيجب عليك إجراء تمارين لتقوية عضلات الرقبة وتعزيز حركتها، وذلك لأنها أكثر مناطق الجسم التي تُصاب بالتيبس والتصلب كلما تقدَّم العمر.

### الجزء الأسفل من الرقبة هو الأكثر عُرضةً للإصابة

قد يحدث الأمر بسرعة وربما يتأخر كثيرًا، ولكن بعد مرور ثمانين عامًا تبين الفحوصات الطبية التي تُجرى بواسطة الأشعة السينية أن معظم الأعناق مصابة بداء الفُصال العظمي، لذا فلا عجب من كونها تتعرض لحالة من التصلب أو التيبس! ومع ذلك، ربما لا تكون الإصابة مؤلمة بالضرورة، فالأمر برمته يتوقف على نوعية وحجم الإصابة بداء الفُصال العظمي والفقرة العنقية المصابة. غالبًا ما تكون المفاصل السفلية للعمود الفقري العنقي (التقاء الفقرتين 4 و5 - والفقرتين 5 و6 - والفقرتين 6 و7) هي الأكثر عُرضةً للإصابة. وأحيانًا تحدث الإصابة في سن الأربعين. ويمكن أن يمتد ألم الرقبة حتى يصل إلى مؤخرة الرأس ويتسبب في استيقاظ المريض ليلًا. ولا شك أن وجود كسر سابق في إحدى فقرات الرقبة يزيد من مخاطر الإصابة.

## أحيانًا يمتد الألم إلى الذراع

هذا ما يحدث بالضبط حينما يكون الفُصال العظمي العنقي متفاقمًا بسبب الإصابة بالألم العصبي العنقي العضدي، وهو التهاب يصيب أعصاب الرقبة ويمتد إلى الذراع. وهذا الألم العصبي إما أن يكون مرتبطًا بالإصابة بداء الفُصال العظمي في إحدى فقرات العمود الفقري العنقي، وإما أن يكون ناجمًا عن انزلاق غضروفي عنقي. وفي كلتا الحالتين يعاني المريض آلامًا مبرحة، لكن يمكن تسكينها.

# عندما نعاني ألمًا في الظهر

منطقة الظهر حساسة للغاية (نظرًا إلى بعض الأوضاع غير الصحيحة أحيانًا)، وتجد صعوبة كبيرة في مقاومة الضغط الذي تتعرض له، ومن هنا تبرز أهمية الحفاظ على وضعية الجسم السليمة.

## الآلام القَطنية أو آلام أسفل الظهر مؤشر خطير

كما هي الحال بالنسبة إلى الرقبة، يمكن أن تسبب الالتواءات المفصلية تهيجًا والتهابًا في الأعصاب. إذا كان الفُصال العظمي الذي تعانيه يمتد على طول العصب الوركي، فربما تكون مصابًا بعرق النسا، خصوصًا عندما تعاني هذا النوع من الألم الذي يسري خلف الأرداف ثم يمتد نحو أسفل الساق. الفُصال العظمي في أسفل الظهر مرض شائع جدًّا (70% من الأشخاص فوق سن الخمسين تظهر عليهم الأعراض التي تتضح جليًّا فور إجراء الأشعة السينية، من دون أن يشعروا بآلام بالضرورة)، وهو المتسبب الأول في الآلام القطنية. وهذا المرض قد ينتج عن اتخاذ الجسم وضعية غير صحيحة، والظهر المقوس للغاية (التحدب القطني الزائد)، والضغوط الحركية المتكررة (حمل الأشياء الثقيلة، والاهتزازات الناجمة عن استخدام المثقب الكهربائي، إلخ).

## منتصف الظهر يتأثر قليلًا

إنه الجزء الأقل حركة في الظهر، ونتيجة لذلك فهو الأقل تأثرًا وانزعاجًا في أثناء ممارسة الأنشطة اليومية. أولئك الذين يصابون بداء الفُصال العظمي في هذه المنطقة يعانون ضغوطًا حركية متكررة على هذا الجزء من الظهر، وغالبًا يصابون بهذا المرض بسبب بعض التشخيصات الطبية غير الصحيحة: الجنف، أو التواء العمود الفقري، وداء شيرمان (اضطراب نمو الفقرات الذي يظهر في مرحلة المراهقة).

# يمكن أن تصاب اليدان بالتشوه أو التيبس

هذه ضريبة من يتمتعون بأيدٍ خفيفة الحركة، ومن يمارسون مهنًا تتطلب بذل جهد كبير يرجع إلى حركة الأصابع السريعة والمتكررة.

## مرض شائع عند النساء

يمكن أن تُصاب النساء جميعهن بهذا المرض، إذ يبدو أن الفُصال العظمي الذي يُصيب اليدين يتأثر على نحو كبير بالهرمونات الأنثوية. إضافةً إلى ذلك، فحينما تتناقص هذه الهرمونات، في أثناء فترة انقطاع الطمث، تصاب الأصابع بحالة من التيبس. لا بد أنك لاحظت أيدي هؤلاء النساء من حولك، حيث تغطيها

نتوءات صغيرة سيئة المنظر (عُقَد هِيبِردين)، وغالبًا ما تبرز هذه النتوءات في آخر مفصل من الأصابع. من الواضح أن العاملات اليدويات (الخياطات، والسكرتيرات، وعازفات البيانو، إلخ)، اللاتي تتكرر حركاتهن يوميًّا، هن الأكثر عُرضةً لهذا الخطر.

### الإبهام حالة متفردة من نوعها

هو المفصل الأكبر حجمًا مقارنةً بجميع أصابع اليد، وهو الأكثر صعوبةً في العمل والحركة. والفُصال العظمي الذي يصيب الإبهام يسبب آلامًا مبرحة في جذر الإبهام يمكن أن تثقل حركتها، وقد يصل الأمر فيما بعد إلى تشوه الإصبع وتغير هيئتها، فقد تنحني الإصبع بطريقة مثيرة للانزعاج متخذةً شكل حرف «z».

### المفاصل (شبه) المُنقذة

إصاباتها هي الأقل شيوعًا، لكنها مع الأسف موجودة. ويعود سبب إصابتها بداء الفُصال العظمي بشكل رئيسي إلى التأثيرات الحركية المتكررة، أو التي تؤدى بطريقة خطأ عمليًّا.

### منطقة المرفق، خصوصًا لدى المهنيين

المهنيون، مثل الحِرفيين، هم أيضًا ضحايا لهذا المرض، ولا سيما بعد أن تتعرض مرافقهم لتصادمات صغيرة متعددة. يجب ألا ننسى لاعبي التنس الذين يجهدون هذا المفصل لساعات طويلة، فإذا كنت من مُحبي هذه الرياضة فتوخَّ الحذر. لا شك أن تلقِّي الدروس وتنفيذ التعليمات من أفضل وسائل الوقاية!

### المعصم والكتف والكاحل، إصابات أقل شيوعًا!

في أغلب الأحيان، يُصاب المرء بداء الفُصال العظمي في أحد هذه المفاصل عقب التعرض لاصطدام جسدي عنيف يلحق الضرر بالغضروف. وتظهر الإصابة بعد سنوات من الحادث الذي لا يبقى، في أغلب الأحيان، عالقًا في الذاكرة.

## كيف يتم التشخيص؟

يتميز - إن جاز التعبير - هذا النوع من الإصابات بأنه يتطلب قليلًا من الفحوصات. وهذه أخبار رائعة تمنحك القدرة على تغيير العادات الضارة أو غير النافعة، مستبدلًا بها في أسرع وقت عادات جيدة، وإذا لزم الأمر فالخضوع للعلاج.

### الفحص السريري يضع كل شيء نصب أعيننا

خضوع المريض لاستجواب شامل ووافٍ من قِبل الطبيب يجعل من السهل إجراء التشخيص. ولكن من المؤسف أن هذا الاستجواب لا يدوم لأكثر من دقيقتين!

## أسئلة متعددة الجوانب

ما يجب أن يسعى الطبيب لجمعه هو الإجابات التي تشتمل على شعور المريض بحالة من الضيق والانزعاج، ومعاناته بعض الآلام أو التيبس في أحد أجزاء الجسم، لأن تشخيص الفُصال العظمي هو في الأساس تشخيص إكلينيكي (سريري)، وهذا يعني أنه يعتمد بشكل رئيسي على استجواب المريض وفحص مفصله: منذ متى تشعر بالألم؟ ما الأعراض التي تعانيها؟ هل تشعر بأن المفصل بارد؟ متهيج؟ منتفخ؟ هل حركة المفصل محدودة؟

## التأهب جيدًا للاستشارة الطبية أمر في صالحك!

كلما كنت دقيقًا في وصف ما يصيبك من انزعاج أو ألم، كان التشخيص دقيقًا ومفصلًا أيضًا. يمكنك أن تراقب لفترة من الوقت الأسباب المهيجة لألم المفصل، والمدة التي يستغرقها الألم، والوسائل التي تساهم في تهدئة الألم، والأسباب الكامنة وراء تفاقم الألم. ستعكس هذه المنهجية الواقع بشكل أفضل من الانطباع الذي تركه الألم في اليوم السابق. تدوين الأسئلة فرصة جيدة تقيك النسيان الذي يحدث بالفعل حينما تتعرض للقلق والتوتر بسبب الإقدام على الاستشارة.

## ما الفحوصات الأخرى المطلوبة؟

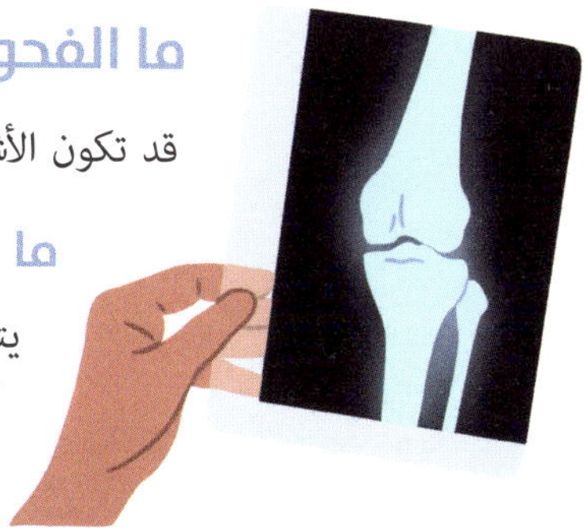

قد تكون الأشعة السينية للمفصل كافية للتأكد من معرفة حجم الضرر.

### ما الذي يظهر من خلال الأشعة السينية؟

يتركز البحث عن ثلاثة عناصر تؤكد الإصابة بداء الفُصال العظمي: تآكل أسطح المفاصل مما يعكس ترقق الغضروف، ووجود ثقوب (تجاويف) في الأطراف العظمية تسبب ألمًا مبرحًا في العظام تحت الغضروفية، والنتوءات العظمية (المناقير العظمية) وتنتج عن طريق التكاثر والانتشار الفوضوي للخلايا العظمية.

## هل فحص الفُصال العظمي بالتصوير المقطعي المحوسب أمر ذو جدوى؟

يُجرى هذا النوع من الفحص بعد حقن المفصل بمادة التباين، الأمر الذي يتطلب احتياطات نظافة صارمة. ويُنصح بهذا الفحص ليرى الطبيب بوضوح أي تمزقات في الأوتار أو الأربطة أو الغضروف لم تظهر بواسطة الأشعة السينية. ويُستخدم هذا النوع من الفحص مع مفاصل الكاحل والرُّكبة والكتف، وهي المناطق التي تسهل فيها عملية الحقن.

## متى يتطلب الأمر إجراء فحص الرنين المغناطيسي؟

يُطلب هذا الفحص، الذي لا يتضمن تصويرًا بالأشعة السينية، بل مجالًا مغناطيسيًّا قويًّا، عندما يكون الطبيب في حاجة إلى مزيد من التفاصيل حول عناصر المفصل المُصابة، ولإيجاد تفسير واضح لزيادة آلام الفُصال العظمي، وتقييم التلف والضرر اللذين لحقا بالمفاصل، واتخاذ قرار بشأن أفضل طريقة

للعلاج يمكن تقديمها. بالنسبة إلى الرُّكبة، تُوفر الصور ثلاثية الأبعاد معلومات مفيدة للغاية لتقييم تلف الغضروف أو الرباط الصليبي.

## معجم المفاصل الصغير

- **الرُّكبة الروحاء:** تشوه في التقاء عظم الساق مع عظم الظُّنبوب. تكون الساقان في وضعية حرف «X».
- **الرُّكبة الفحجاء:** تشوه في التقاء عظم الساق مع عظم الظُّنبوب. تكون الساقان في وضعية حرف «O».
- **جوناتروز:** الاعتلال المفصلي الذي يصيب الرُّكبة.
- **كوكساتروز:** الاعتلال المفصلي الذي يصيب الفخذ.
- **النابتة العظمية:** نتوءات عظمية تظهر في حالة الإصابة بداء الفُصال العظمي. نتحدث هنا أيضًا عن المناقير العظمية.
- **الغشاء الزلالي:** الطبقة الداخلية من الغلاف المحيط بالمفصل.
- **الانصباب الزلالي:** الإفراط في إفراز السائل الزلالي بسبب حدوث التهاب. ينتفخ المفصل ويتفاقم الألم.
- **الغضروف المفصلي:** غضروف صغير يقع بين عظم الفخذ وعظم الساق، ويعمل ممتصًّا للصدمات في الرُّكبة، ويتألف من جزأين: غضروف داخلي، وآخر خارجي.
- **الخلية الغضروفية:** الخلية المكونة للغضروف المفصلي.
- **العظام تحت الغضروفية:** جزء من العظام يقع أسفل غضروف المفصل مباشرة.
- **التجويف:** ثقب يظهر في العظام تحت الغضروفية ناتج عن الإصابة بداء الفُصال العظمي.

### أخبرني يا دكتور جوود

### هل تتوقف شدة الألم على حجم الإصابة؟

**تُظهر الأشعة السينية لفحص العظام حجم الإصابة بالفُصال العظمي، وليس تداعياتها ومقدار الألم الذي ينجم عنها. وأفضل دليل على ذلك هو أن الكثيرين يكتشفون أنهم مصابون بالفُصال العظمي عندما يُطلب منهم إجراء فحوصات لأسباب أخرى.**

**الفصل الثالث**

# تطور بسيط في كثير من الأحيان

عندما تظهر أعراض الإصابة بداء الفُصال العظمي، تتوارد الأسئلة على الذهن: هل سأضطر إلى الحد من أنشطتي؟ كيف ستنتهي بي الحال بعد مرور عشر سنوات؟ هل سأعاني مزيدًا من الألم؟ كن مطمئنًا، ففي أغلب الأحيان، يتطور الفُصال العظمي تدريجيًّا، ويمكنك المساهمة في إبطائه.

## يظهر الألم تدريجيًّا

لا تُصبح العظام سريعة التأثر إلا حينما تتآكل الطبقة التي تحميها. لذلك، لا بد أن يكون جزء من الغضروف قد تآكل بالفعل حتى يبدأ المفصل في التهيج.

### الأعراض التي يجب أن نحذر منها

تتوالى المشكلات حينما نحرك المفصل بكثرة، أي عندما نبذل كثيرًا من الجهد.

### تتأجج حدة الفُصال العظمي في الرُّكبة في أثناء صعود الدرج وهبوطه

في البداية، يكون الألم متقطعًا، ثم ينشط بمجرد الضغط على الرُّكبة. ومع ذلك، تختلف أعراض الألم تبعًا للمناطق التي تعرضت للإصابة: إذا كنت تعاني الفُصال العظمي الفخذي الظُّنبوبي، فإن هذه الإصابة تسبب ألمًا حادًّا في أجزاء الرُّكبة جميعها، عند الصعود والهبوط (السلالم، والمرتفعات، والأراضي الوعرة). وتظهر أعراض الفُصال العظمي الرَّضفي (عظم رأس الرُّكبة) بوضوح عندما يمد المريض رُكبته، حيث يشعر بألم شديد في المنطقة الأمامية منها، عند الهبوط أكثر من الصعود، وعند الركوع أو النهوض عن مكانه بعد الجلوس لفترة طويلة.

### الشعور بالألم عند المشي على الأرض المستوية أمر مثير للقلق

يمكن أن تُسبب مشكلات الرُّكبة أو الكاحل أو الفخذ شعورًا بالألم عند المشي على أرض مستوية. الشعور بالألم في منطقة ثنية الفخذ، أو أسفل الأرداف، بعد ربع ساعة من المشي دليل واضح وجلي على وجود إصابة بداء الفُصال العظمي في حُق الفخذ.

## الأنشطة الرياضية أحد المسببات الرئيسية

الركض والتزلج ولعب التنس والمشي لمسافات طويلة وكرة القدم، تسبب ضغطًا على المفاصل يفوق ما ينجم عن الأنشطة اليومية، ولذلك ليس من الغريب أن تظهر الأعراض المبكرة للإصابة بداء الفُصال العظمي، في أغلب الأحيان، على الشباب في أثناء ممارستهم لنشاطهم الرياضي المفضل. في البداية تباغتهم نوبات الألم في نهاية جلسة التدريب، عقب تعرض المفصل المنهك لكثير من الضغط، ثم تتفاقم شدة الألم وتعوقهم عن استئناف تدريباتهم المعتادة.

## الألم في أوقات من اليوم دون الأخرى

لآلام الفُصال العظمي أجندتها الخاصة، فهي تتبع نمطًا خاصًّا وفريدًا من نوعه: هناك آلام مزمنة، ونوبات التهابية. ولكن لحسن الحظ، من النادر أن يمتد الألم طوال الوقت.

### الأمور أصعب كثيرًا في الصباح

يتطلب استئناف الحياة اليومية، بعد فترة طويلة من النوم ليلًا والراحة التامة لمفاصل الجسم، تنشيطًا حقيقيًّا للمفاصل في حالات الفُصال العظمي. وتستغرق هذه العملية عشرين دقيقة تقريبًا، وهذا هو الوقت المطلوب بالفعل لكي تستعيد المفاصل الضعيفة مرونتها.

### عودة الألم في نهاية اليوم

بمجرد أن تتلاشى حالة التيبس الصباحي، يسير كل شيء على ما يرام. لكن يمكن أن تباغتك نوبة من الألم في نهاية اليوم، عندما تتهيج المفاصل بشدة بعد بذل كثير من الجهد!

### أحيانًا، يباغتك الألم، من وقت إلى آخر، طوال الليل

هذا أمر طبيعي للمصابين بنوبات التهابية، ويُعَد أحد مؤشرات تطور الحالة المرضية. لم يعد الألم الآن مرتبطًا بالحركة، لكنه أصبح ناجمًا عن إصابة المفصل بالتهاب: يتهيج المفصل ويزداد تورمًا. ولم يعد اللجوء إلى الراحة سببًا في تهدئة الألم، لهذا يمكن أن يباغتك الألم من وقت إلى آخر طوال الليل.

## تحذير

### أخبار مزيفة!

### هل ثمة علاقة بين الطقس والمناخ والفُصال العظمي؟

**يقول كثيرون ممن أصيبوا بالتهاب المفاصل الروماتويدي إن رُكبهم تؤلمهم عندما تمطر السماء! لكن، بعيدًا عن حالة الطقس، فإن تغيُّرات الضغط الجوي تتسبب في حدوث خلل في توازن المفاصل الحساسة. فالمطر لا يجعلك ترغب في الخروج، فتقل الحركة، وبالتالي تتفاقم حدة الألم.**

# هل تؤثر هذه الأمور في الروح المعنوية للمريض؟

الألم، والفحوصات الطبية، وصعوبة التواصل مع ذوي القربى، كلها أمور تؤثر سلبيًا في الروح المعنوية للمريض، التي تلعب دورًا مهمًّا في إدراك ماهية التعامل مع هذه الحالة المرضية.

## الأمر ليس بهذه البساطة!

في بعض الأحيان، تتنامى إلى مسامعنا مثل هذه العبارة: «لا شيء، مجرد آلام عابرة يتعرض لها كبار السن». حسنًا، لا، إن الفُصال العظمي ليس بالأمر الهين.

## الألم المزمن يقود إلى انخفاض الروح المعنوية!

كما أشرنا سابقًا، ينشأ الألم نتيجة لحدوث تلف في المفصل، لكنه يتأثر أيضًا بآلاف الأشياء الصغيرة التي نمر بها في حياتنا اليومية. هل لاحظت جيدًا أن حدة الألم تقل في الأيام التي تتلقى فيها أخبارًا مفرحة؟ ألا يُعَد جلوسك لمدة ساعتين لمشاهدة فيلم يحبس الأنفاس وسيلةً جيدة لنسيان ألم مفصل الرُّكبة التالف لفترة من الوقت؟ الألم المزمن يخلق حالة من القلق، وهكذا فنحن في حاجة إلى الاطمئنان على تطور حالتنا المرضية.

## الفحوصات الطبية تثير القلق أحيانًا

كما أوضحنا سابقًا، يستلزم الأمر إجراء عدد قليل من الفحوصات الطبية لتشخيص الإصابة بداء الفُصال العظمي. لكن أحيانًا يحتاج الطبيب إلى إجراء فحص بالأشعة السينية أو تصوير بالرنين المغناطيسي لتقييم الضرر الذي لحق بالمفصل واختيار الطريقة المُثلى للعلاج. لا تفترض أن الألم سيزداد سوءًا بسرعة كبيرة، وتذكر جيدًا أن ما تُظهره صورة الأشعة السينية وحجم الألم لا يتبعان المنحنى نفسه، وأن كل حالة لها ظروفها الخاصة. الشيء نفسه أيضًا حينما تُكتشف الإصابة بداء الفُصال العظمي في أثناء إجراء فحص يتعلق بمرض آخر. إذا كنت تشعر بقليل من الألم أو لا تشعر بأي ألم على الإطلاق حتى هذه اللحظة، فينبغي أن تتقبل خبر الإصابة بداء الفُصال العظمي بصدر رحب.

## المحيطون بك لن يتفهموا طبيعة الوضع

بالأمس كنت تلهو وتمرح وتقفز، واليوم لا تُحرك ساكنًا، أليس كذلك؟ يكمن جوهر المرض المزمن في استمراره، وغالبًا ما يخضع الشخص المصاب لتقلبات المرض الحادة صعودًا وهبوطًا. يختلط الأمر كثيرًا على المحيطين بالمريض الذين يظنون أحيانًا أن هذا النوع من المرض أمر عرضي! ويُعَد سوء الفهم هذا أحد مصادر التوتر، ويسبب بدوره شدًّا في العضلات والأوتار. لذا فمن الضروري أن تشرح الأمر للمحيطين بك.

## ضرورة الحصول على قسط وافر من الراحة

تبيَّن جليًّا، كما هي الحال مع أنواع الآلام الأخرى، أن الاسترخاء أو الحصول على أكبر قسط من الراحة يخفف من حدة الألم.

## الاعتناء بصحتك أمر لا غنى عنه!

لا أحد غيرك يدرك بالفعل مقدار ما تشعر به: مدى الشعور بالاضطراب والانزعاج، والافتقار إلى المرونة، وحدة الألم، والشعور بحالة من الرضا إزاء إحراز تقدم بشأن حالتك المرضية. فكن مُطلعًا جيدًا، واتبع النصائح التي تُقدَّم إليك لإنقاذ ما يمكن إنقاذه، ولا شيء أفضل من التحلي بنظرة إيجابية للتأقلم مع حالتك المرضية، فهذا أمر له تأثير كبير في رفع الروح المعنوية!

## الاسترخاء، والسوفرولوجيا، واليوجا: يا له من شعور رائع!

يُهدئ الاسترخاء من حدة الألـم، لكنه لا يكبح جماحه! ومن هنا جاءت فكرة اللجوء إلى بعض الممارسات التي تقلل من حدة التوتر الجسدي والنفسي. تُعَد جلسة يوجا الهاثا الأسبوعية أو جلسات الاسترخاء أو جلسات السوفرولوجيا نقطة انطلاق جيدة.

## متى تلجأ إلى الاستشارة؟ ومَن تستشير؟

- إذا اشتدت حدة الألم.
- إذا استمر الألم لمدة أسبوعين أو أكثر.
- إذا بدأ المفصل في الانتفاخ.
- إذا وجدت صعوبة في تنفيذ بعض الحركات.

تستشير طبيبك لتعرف رأيه، وتعرف الإجراءات التي يجب اتخاذها، والعـادات التي يجب تغييرها. ثم، بناءً على نصائح الطبيب وتطور أعراض الإصابة بداء الفُصال العظمي، قد تكون في حاجة إلى زيارة أخصائي علاج طبيعي أو طبيب متخصص في أمراض القدم أو أخصائي تغذية. وبالطبع طبيب الأمراض المفصلية، عندما تصبح الوسائل العلاجية، بخلاف المسكنات التقليدية، أمرًا لا غنى عنه.

## الوصفة الصحية

**حسنًا، هل أصبحت الآن على دراية بتشريح المفصل، وأسباب داء الفُصال العظمي، وأعراضه؟ قبل الانتقال إلى الجزء العملي، هذا تذكير سريع بالنقاط الخمس المهمة التي يجب أن تضعها في الحسبان.**

1. **الفُصال العظمي داء حقيقي:** تلعب الشيخوخة بالطبع دورًا مهمًّا، لكن نظرًا إلى أنه لن يصاب الجميع يومًا بداء الفُصال العظمي، فهناك أمور أخرى يجب عدم تجاهلها.
2. **المفاصل مجهزة بأفضل صورة:** حتى تتحمل الضغوط الحركية المتكررة، لكن لكي يحدث هذا الأمر على نحو طبيعي، فلا بد أن تكون المفاصل قوية وبحالة جيدة.
3. **الأمر ليس له علاقة بتحلل الخلايا:** إجهاد المفصل هو المسبب الأول لحدوث تلف تدريجي، والفُصال العظمي ليس جزءًا من التغيرات الفسيولوجية المرتبطة بالشيخوخة. ولا شك أن أولئك الذين يسعون للحفاظ على أجسامهم من خلال ممارسة تمارين اللياقة البدنية يفقدون مرونتهم بصورة أقل من غيرهم.
4. **النساء أكثر تضررًا:** الفُصال العظمي الذي يصيب الرُّكبتين واليدين أكثر شيوعًا عند النساء، لأسباب هرمونية جزئيًا، عقب انقطاع الطمث. والفُصال العظمي في منطقتي حُقي الفخذ غير شائع بكثرة عند النساء، لكنه غالبًا ما يشكل مصدرًا أكبر للألم.
5. **ثلاثة عوامل تشكّل خطرًا كبيرًا:** الوزن الزائد من بين أسباب إصابات الرُّكبة وحُق الفخذ والظهر وحتى اليدين. وممارسة الرياضة بكثافة، خصوصًا قبل فترة البلوغ، تلحق ضررًا بالمفاصل. والتأثيرات الحركية المتكررة لبعض المهن والحِرف تجعل المفاصل أكثر هشاشة وضعفًا.

الجزء الثاني

# تدريبات الدكتور جوود!

النصائح التي نتلقاها من الأصدقاء والجيران والعائلة لطيفة جدًّا، لكنك تود بالطبع معرفة إذا كانت هذه النصائح مفيدة ومنطقية وآمنة أم لا. وبالطبع لديك كل الحق، لأنه حينما يتعلق الأمر بالإجراءات الوقائية، ينبغي أن نطور من مستوى معرفتنا. لا شك أنك تدرك أن أي علاج تتناوله ربما تكون له آثار سلبية، ومن المنطقي أن تتساءل عما هو أفضل بالنسبة إليك بالنظر إلى حالة مفاصلك. سنصحبك هنا في جولة سريعة لإيجاد الحلول التي تسمح لك بحرية الحركة من دون أن تشعر بالألم!

الفصل الأول

# المفاصل تتسجم مع العادات اليومية

(لكن العادات الصحية السليمة!)

ما الأنشطة البدنية التي يجب أن تمارسها؟
ما الوزن الذي يجب ألا تتجاوزه؟ ما الطعام الذي تتناوله؟
كل هذه العناصر التي تشكِّل حياتنا اليومية تؤثر في صحة مفاصلنا،
وسيكون من المؤسف أن تتجاهلها أو تغض الطرف عنها.

## الحركة تعزز من صحة المفاصل

المشي بصورة يومية للمحافظة على صحة مفاصلنا ليس خيارًا، بل إنه أمر إلزامي!

### تحرك على الأقل نصف ساعة في اليوم

الذهاب لشراء الخبز سيرًا على الأقدام أمر جيد بالفعل، ومن الأفضل أن تعتاد السيرَ بخطى سريعة! عندما ينصح الأطباء بالمشي، فإنهم يقصدون حقًّا تحريك تروس الآلة، لذا فإن المشي بخطى هادئة متثاقلة وتجاذب أطراف الحديث أمران في غاية الروعة، لكنهما غير كافيين. النشاط البدني الأكثر فاعلية وتأثيرًا يجب ألا يقل عن نصف ساعة في المرَّة يوميًّا، وفقًا لإيقاع ينجم عنه زيادة طفيفة في معدل ضربات القلب من دون أن يؤدي إلى ضيق في التنفس. فعندما تتأرجح ذراعاك، ستتحرك بالفعل مفاصل ذراعيك وكتفيك.

**نصيحة الدكتور جوود المُثلى!**

**عندما يباغتك الألم، يجب أن تبطئ خطواتك، لكن عليك استئناف المشي على أي حال. وإذا كررت هذه المحاولة كل يوم، فستقل حدة الألم!**

## ماذا عن الأرداف؟

أرداف جيدة تعني رُكبًا تتمتع بلياقة جيدة! ليس من السهل أن تسعى لبناء عضلات أردافك في خضم حياة أسرية ومهنية سريعة الإيقاع. ولكن أرجو ألا ينتابك اليأس إذا لم تتمكن من الذهاب إلى صالة الألعاب الرياضية، فالحل الأمثل هو خلق عادات صحية جديدة: عند الاستيقاظ يجب ممارسة تمارين إحماء وتمدد خفيفة (انظر صفحة 51)، وفي النهار تحرك قدر المستطاع عند ممارسة أنشطتك وامنح نفسك عشر دقائق من التمارين البسيطة، على سبيل المثال: الوقوف بينما الذراعان ممدودتان إلى الأمام، وثني الرُّكبة بمقدار 90 درجة كما لو كنت ترغب في الجلوس، ثم عُد إلى وضعك الطبيعي، وكرر هذا التمرين عشر مرات متتالية. وفي عطلات نهاية الأسبوع أنت في حاجة إلى نزهة طويلة، فهذا أمر رائع حقًّا!

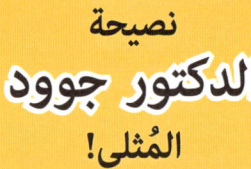

### نصيحة الدكتور جوود المُثلى!

الرُّكب الضعيفة عُرضة للإصابة بداء الفُصال العظمي! وفي هذه الحالة يُفضل ارتداء أحذية التنزه والمشي ذات الطبقة العلوية المنخفضة (الطبقة التي تغطي الجزء العلوي من القدم). يُجهَّز هذا النوع من الأحذية بنعال أكثر ليونة من الأنواع ذات الطبقة العلوية المرتفعة. ويزود هذا الجزء من الحذاء بمخفف للصدمات، وبالتالي يمنح تأثيرًا مريحًا للرُّكبتين.

## ممارسة الرياضة بانتظام تعزز من صحة المفاصل

يجب أن تختار رياضتك المفضلة وفقًا لنمط حياتك: نل قسطًا من المتعة، ولا تنسَ أن الانتظام في ممارسة الرياضة هو الأمر الذي سيؤتي ثماره. والحد الأدنى لممارسة الرياضة هو مرَّة واحدة في الأسبوع.

### الثلاثي الرابح: المشي وركوب الدراجة والسباحة

هل تعلم أن الأطباء يوصون بالسير 6000 خطوة على الأقل يوميًّا للحفاظ على الصحة؟ لكن للوقاية من داء الفُصال العظمي، هذا الأمر ليس كافيًا، وأنت في حاجة أيضًا إلى ممارسة الرياضة بانتظام، وليس ضروريًّا أن تختار رياضة صعبة معقدة. ثمة ثلاثة أنشطة يُوصى بها في أغلب الأحيان، وتتميز تمريناتها بتأثيرها المنخفض، وهي المشي وركوب الدراجة والسباحة، وهذه الأنشطة مناسبة بالفعل لأولئك الذين لا يعانون أي مشكلات، وكذلك للأشخاص الأكثر عُرضةً للخطر أو للمصابين إصابة طفيفة بداء الفُصال العظمي (النمطان الأول والثاني). اعكف على ممارسة نشاطك تدريجيًّا، وزد من إيقاعك مع مرور الوقت، ولا تنسَ تمارين الإحماء والتمدد في بداية الجلسة ونهايتها، ومن الأفضل ممارسة الرياضة بانتظام لمدة ثلاثين إلى ستين دقيقة على الأقل ثلاث مرات في الأسبوع بدلًا من تركيز كل جهدك وطاقتك في يوم واحد.

### المشي طريقة مثلى لتغذية الغضروف

تُعَد رياضة المشي وسيلة رائعة للحفاظ على صحة المفاصل، وهي أمر جيد بالفعل يساهم في رفع الروح المعنوية! وإضافةً إلى الساقين، يساعد المشي على تعزيز حركة الأرداف والكتفين والظهر والذراعين، شريطة ألا تُبقي يديك في جيبيك، بل عليك أن

تؤرجح ذراعيك وفقًا لوتيرة المشي وسرعة خطواتك. لماذا لا تنطلق في نزهة وتمارس رياضة المشي الشمالي (النورديك نسخة فنلندية الأصل من المشي) باستخدام عصوين صُممتا خصوصًا لهذه الرياضة؟ عصوان تعززان حركة تأرجح الذراعين، وتشدان الجزء العلوي بالكامل من الجسم. على أي حال، مارس رياضة المشي بسرعة معتدلة، وتجنب تحريك قدميك على الأرض من دون التقدم إلى الأمام، ويفضَّل أن تمارس هذه الرياضة على أرض مستوية وليست وعرة. في حالة **النمط الثاني**، يفضَّل اللجوء إلى استخدام نوع من «الأحذية» المخصصة لرحلات المشي المنظمة، فهي تضمن الاستمتاع بالتجول في الشوارع الهادئة.

## ركوب الدراجة يشد العضلات ويقويها ويحافظ على حركة المفاصل

ركوب الدراجة في الهواء الطلق (مع ارتداء الخوذة) أو في المنزل، أمر رائع حقًّا! فهو يعزز حركة العضلات كلها (عضلات البطن والصدر والذراعين والظهر والأرداف، والساقين على وجه الخصوص)، ويحافظ على صحة الرُّكبتين اللتين لا يقع عليهما وزن الجسم مباشرة مثلما يحدث في أثناء الركض، فضلًا عن ذلك فهذه الرياضة مثال حي لتمارين التحمل التي تعمل على تنشيط الجهاز القلبي الوعائي، وتقليل الشعور بثقل الساقين (تقوية عضلات الربلة وتحسين العائد الوريدي). في المدينة، يجب أن تختار دراجة سهلة الاستخدام والقيادة، ومريحة، وغير ثقيلة، وذات هيكل مفتوح لتتمكن من الصعود عليها أو الترجل عنها بسهولة. ولا تنسَ أهمية المقعد، فهو عنصر أساسي لتنعم بالراحة! وإذا قررت الانتقال بالدراجة لمسافات بعيدة، فالدراجة الكهربائية تُعَد خيارًا مثاليًّا للتناوب بين الرياضة البدنية واللجوء إلى الراحة إذا لزم الأمر.

## عندما يُغمَر الجسم بالماء يقل وزنه بنسبة 10%

بالنسبة إلى السباحة، فالماء يحمل جسدك وبالتالي يجنبك أي إرهاق أو إجهاد للمفاصل! حيث يخضع الجسم كله لحالة «انعدام الوزن»، مما يسمح بتنشيط العضلات كلها، لكن بهدوء وسلاسة. تُعَد السباحة أيضًا وسيلة جيدة لتخفيف التوتر وإرخاء العضلات، وجلسة واحدة في الأسبوع أمر مثالي للغاية. لكن يجب أن تكيف طريقتك في السباحة مع ضعف مفاصلك وهشاشتها. لا يُنصح بسباحة البطن، بسبب حركات الساقين ووضعية الجسم في أثناء سباحة «الضفدع»، في حالة الإصابة بالفُصال العظمي في الرُّكبة، أو في حالات الفُصال العظمي العنقي، إلا إذا أبقيت رأسك في مستوى العمود الفقري نفسه قدر الإمكان. ضربات الرجلين في السباحة أمر مفيد للرُّكبتين. ويمكنك أن تمارس سباحة الزحف على البطن التي تساهم في تعزيز حركة الكتفين والذراعين وعضلات البطن، أو السباحة على الظهر التي تساهم في تحريك عضلات الظهر وتسمح لك بإبقاء الرأس في وضع محاذٍ للعمود الفقري.

## توخَّ الحذر عند ممارسة رياضة التنس وكرة القدم والتزلج والركض!

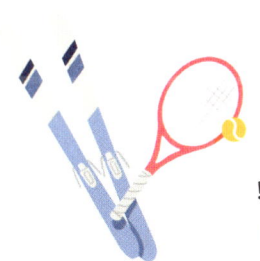

الاهتمام بهذا النوع من الرياضات يعني تكرار الضغوط الحركية على عظام جسدك! فإذا كنت مُدمنًا هذه الأنشطة، فقد حان الوقت للاعتناء بمُعداتك وبأرضية ملعبك! تزوَّد بأحذية ذات نعال خفيفة ممتصة للصدمات، وراقب حالتها باستمرار لتغييرها

في حالة التلف، واركض على أرضية ترابية بدلًا من الطُّرق المُحصبة (الطُّرق المرصوفة بالحصباء).

### بالنسبة إلى من يعانون بدرجة طفيفة داءَ الفُصال العظمي (النمط الثاني)

عدم بذل مجهود بدني زائد، وعدم الخوض في أي منافسات.

### بالنسبة إلى المصابين بالفعل بداء الفُصال العظمي (النمط الثالث)

من الواضح أن هذا ليس سببًا مقنعًا للإقلاع عن ممارسة نشاطك المفضَّل، لكن تكييف ممارسة الرياضة مع وضعك الصحي أمر أهم بكثير من الانضباط في أداء التمارين.

**نصيحة الدكتور جوود المُثلى!**

**تمارين الإحماء تساعد على تحريك المفاصل، وتعمل تدفئة العضلة على توزيع الضغط بشكل أفضل على المفاصل كلها. خمس دقائق من الإحماء الخفيف والتدريجي للمفاصل التي ستتعرض للإجهاد كثيرًا، ليست وقتًا ضائعًا!**

## المفاصل تتعرض للإجهاد كثيرًا بسبب زيادة الوزن

عندما نبذل مجهودًا كبيرًا، وعندما نقف على الميزان لمعرفة وزننا، يجب أن ندرك جيدًا أن الكيلوجرامات الزائدة ليست حليفًا جيدًا لمفاصلنا.

### توزيع الأحمال الثقيلة أمر يجب مراعاته!

لا تكرر أبدًا حمل ستة لترات من الحليب وظهرك نصف محني! أعد ترتيب مجهودك وتنظيمه: الحقيبة الثقيلة التي تحملها يجب أن تضعها أمامك مقابل البطن وتمسكها بكلتا يديك، أو تقسم محتواها إلى نصفين وتحمل كل نصف على حدة بإحدى اليدين. فمن الضروري أن تحمل الأشياء الثقيلة بطريقة متوازنة تراعي عدم إجهاد مفاصلك. وكإجراء احترازي، يجب ألا تثقل على رُكبتيك وفخذيك بالأحمال الزائدة.

### أنقص وزنك عدة كيلوجرامات وستدين لك مفاصلك بالشكر!

لا شك أنك تعلم جيدًا أن الفُصال العظمي ليس الداء الوحيد الذي يُحتمل أن تعانيه إذا لم تتخلص من الكيلوجرامات الزائدة في الجسم. لكن، هل تعلم أن فقدان القليل من الوزن مبدئيًّا أمر كافٍ لتغيير قواعد اللعبة؟ حيث يؤدي فقدان الوزن بمقدار 500 جرام إلى تقليل الحمل على المفاصل بمقدار 2 كيلوجرام في أثناء المشي. هذه المعلومة تحفزك، أليس كذلك؟ وفي الواقع، فقدان 500 جرام أمر ليس صعبًا!

# المفاصل تحتاج إلى الفيتامينات والماء

هذا المزيج مفيد للغاية لصحتك بوجه عام، ولمفاصلك بوجه خاص.

## تناول دواءً يحتوي على فيتامين «د» في بداية الشتاء

قد ينصحك طبيبك بإعادة تناول دواء يحتوي على فيتامين «د» سنويًّا، وسيتحقق الطبيب مما إذا كان الجسم يعاني نقص هذا الفيتامين أم لا بعد طلب إجراء فحص للدم. ليس من الغريب أن ترى مخزونك ينخفض عندما لا تتعرض كثيرًا لأشعة الشمس. أما بالنسبة إلى العظام التي نحتاج دائمًا إلى الاحتفاظ بقوتها وصلابتها، فالوضع ليس على ما يرام! حسنًا، ضع في حسبانك أن الأمبولات والقطرات التي يصفها لك الطبيب تعود بالفائدة على المفاصل أيضًا. في الواقع، لوحظ بناءً على الأشعة السينية وجود تطور سريع للإصابة بالفُصال العظمي في الرُّكبة لدى الأشخاص الذين يفتقرون إلى فيتامين «د». تلعب الفيتامينات الأخرى أيضًا دورًا كبيرًا لا يمكن تجاهله، ولا سيما فيتامين «ج»، لكن المكملات الفيتامينية ليست ضرورية، ويكفي اتباع نظام غذائي متوازن (انظر صفحة 34).

## مشروبات لا غنى عنها

لتر من الماء في اليوم أمر جيد بالفعل! حيث يُسهل شرب الماء عملية التخلص من الفضلات الأيضية التي تتراكم في تجاويف المفاصل، وتلك التي تظهر باستمرار في أجزاء الجسم جميعها. لذلك لا تتجاهل هذا الأمر: مياه الصنبور أو المياه المعدنية، وشاي الأعشاب.

# الفواكه والخضراوات عنصر أساسي لصحة المفاصل

لا يتعلق الأمر بأن تصبح نباتيًّا، بل يرتبط ارتباطًا وثيقًا بزيادة كمية الفاكهة والخضراوات في وجبتك.

## تناول الوجبات الخفيفة يقي من الأمراض

يوصي أطباء الأمراض المفصلية باتباع نظام غذائي قليل السعرات لأنه يساعد على التحكم في الوزن. ولكن بالنسبة إلى أشكال أخرى من الطب البديل، مثل طب الأيورفيدا، فنجده يُسلط الضوء بدرجة أكبر على استهلاك الأطعمة ذات الخصائص التقليدية المضادة للأكسدة والمضادة للالتهابات (الخضراوات الكرنبية، والفلفل، والسبانخ، والطماطم، والفواكه الحمراء). تذكر جيدًا أننا أوضحنا في بداية هذا الكتاب أنه نتيجة للضغط الزائد على الغضروف (زيادة الوزن) تُنتج خلايا المفاصل جزيئات سامة (الجذور الحرة) تؤدي إلى الأكسدة، أي الالتهاب.

## أفضل خمسة أطعمة مفيدة لك!

1. **البروكلي (القرنبيط الأخضر):** يحتوي على الجلوكوسينولات التي تتحول إلى سولفورافين في أثناء عملية الهضم. وهذه المادة مفيدة جدًّا بالنسبة إلى من يعانون داء الفُصال العظمي، لأنها تثبط عمل الإنزيم المسؤول عن تدهور الغضروف.

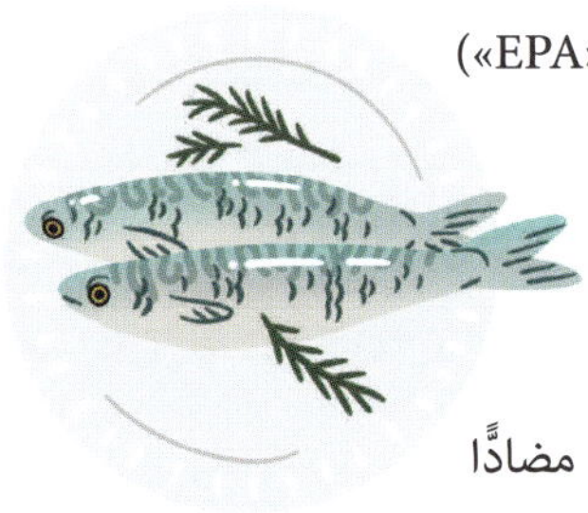

2. **سمك الماكريل:** الأحماض الدهنية أوميجا 3 (ولا سيما «DHA» و«EPA») التي تحتوي عليها هذه الأسماك تقلل من تخليق الوسائط الالتهابية (اللوكوترايين، والبروستاجلاندين).
3. **الثوم:** الأليسين (الموجود أيضًا في البصل، والكراث، والثوم المعمر، والكراث الأندلسي) مركب كبريت عضوي معروف بخصائصه المضادة للبكتيريا. تتوفر مادة الأليسين بكثرة في الثوم، ويُعتقد أيضًا أن لها تأثيرًا مضادًّا للالتهابات وتعمل على حماية المفاصل. ولكن لتحقيق أقصى استفادة من هذا المركب، يجب أن تتناول الثوم نيئًا!
4. **الفاكهة الحمراء:** توت العليق الأسود، والكشمش الأسود، والفراولة، وعنب الأحراج... هذه الفاكهة غنية جدًّا بمضادات الأكسدة (الفلافونويد، وفيتامين «ج»)، وتساعد على محاربة الجذور الحرة التي تدمر خلايا الجسم وتعزز حدوث الالتهاب.
5. **زيت الزيتون:** يحتوي على الأوليوكانثال، وهو جزيء مضاد للالتهابات يشبه تأثيره تأثير الإيبوبروفين! وهو غني أيضًا بالبوليفينولات المضادة للأكسدة.

## ما القائمة المُثلى للطعام؟

حمية البحر الأبيض المتوسط هي النمط الغذائي الأمثل! يسهل اتباعها، وفوائدها عديدة للمفاصل والقلب ورفع الروح المعنوية، إلخ. يعتمد هذا النظام الغذائي على ثلاثة أركان رئيسية: كثير من الفاكهة والخضراوات، والبقوليات والحبوب الكاملة، والأسماك الزيتية، يُضاف إلى معظمها زيت الزيتون والبهارات. يتناول الكريتيون (سكان أكبر الجزر اليونانية) أيضًا قليلًا من الجبن (خصوصًا جبن الماعز) والزبادي. لذلك لا يُسمح بأي وجبات جاهزة أو معجنات صناعية أو لحوم باردة.

### الوجبة المُثلى

- كمية جيدة من الخضراوات (الكرنب، والجرجير، والبروكلي، والطماطم، إلخ).
- كمية من الحبوب الكاملة أو البقوليات (العدس، والمكرونة، والكينوا، والحمص، إلخ).
- الأسماك الزيتية تؤكل مرتين في الأسبوع (الماكريل، والسردين، والسلمون).
- يجب إنهاء الوجبة بتناول الفاكهة الموسمية. تُعَد الفاكهة الحمراء الأكثر ثراءً بمضادات الأكسدة.

### اعتمد على هذه التوابل الثلاثة المميزة: الكركم، والزنجبيل، والقرفة

استُغلت خصائصها الطبية في آسيا لعدة قرون، ومن المعروف أيضًا أنها تتميز بخصائصها المضادة للأكسدة والمضادة للالتهابات، والتي سيكون من المؤسف الاستغناء عنها. يُذكر أن أفضل طريقة للاستفادة من الكركم هي مزجه بالزيت والفلفل في المقلاة عند طهي الخضراوات. استخدم الزنجبيل الطازج المبشور أو المسحوق كتابل. وفكر في كثير من الأحيان في القرفة التي لا يقتصر دورها على إعطاء نكهة لفطائر التفاح فحسب!

## هل الصوم فكرة جيدة أم سيئة؟

توضيح موجز بشأن هذا الأمر الذي لا يزال تأثيره مثيرًا للجدل، ولم يطبق بدرجة كبيرة على المصابين بداء الفُصال العظمي.

### الأدلة ضعيفة

لا شك أننا نفقد جزءًا من وزننا عندما نتوقف جزئيًّا عن تناول الطعام، وهذا الأمر يعود بالنفع على من يعانون داء الفُصال العظمي عندما يكون وزنهم زائدًا على الحد. لكن الصوم لا يُعَد حمية: إنه التوقف عن تناول الطعام! قد يكون الهدف منه «إزالة السموم» من الجسم. هذا الأمر يتماشى مع فكرة أنه إذا أرحنا الجهاز الهضمي، فسيحظى الجسم بمزيد من الطاقة للتخلص من الفضلات الناتجة عن عملية الأيض أو الاستقلاب. هل تقلل هذه الخطوة من آلام التهاب المفاصل؟ أكد عدد كبير من المرضى صحة هذه المعلومة، لكن من يصدق ذلك من الأطباء قلة، لأن الأدلة والبراهين غير متوفرة.

### نوعان من الصوم

في الواقع، يتوقف الأمر برُمته على طول فترة الصوم. فعدم تناول الطعام يومًا في الشهر أو يومًا في الأسبوع، من دون نسيان شرب الماء، أمر آمن ولا يُشكِّل خطرًا، ويعود بنفع عظيم على الكبد! وهناك الصوم الذي تُخضعك له بعض المؤسسات ويهدف إلى حرمانك من أنواع محددة من الأطعمة لعدة أسابيع ويحدث هذا تحت إشراف طبي. إذن، من الأفضل الاعتماد على هذا النوع الثاني من الصوم لفترة من الوقت. فالتأهب والدعم أمران لا غنى عنهما.

**أخبرني يا دكتور جوود**

### هل منتجات الألبان أمر ضروري أم يجب الاستغناء عنها؟

**وفقًا للتوصيات الرسمية الصادرة من قِبل البرنامج الوطني للتغذية الصحية، يُنصح بتناول ثلاثة أو أربعة منتجات ألبان يوميًّا للحصول على الكالسيوم (ويجب أن يكون بعضها مدعمًا بفيتامين «د»). وينصح المعالجون بالطب البديل بالاستغناء عن منتجات الألبان، ولا سيما الحليب، لأن سوء هضمه قد يسبب بعض المشكلات. ما لم تكن تعاني مشكلات بسبب تناول الحليب، فلا مانع من إدراج منتجات الألبان في قائمة طعامك، لكن إذا كنت لا ترغب في تناوله، فمن الضروري أن تحصل على الكالسيوم من بديل آخر (المياه المعدنية، والسردين المعلب، إلخ).**

**الفصل الثاني**

# لكل شخص طريقة علاج خاصة!

تشهد الإجراءات العلاجية المُقدمة إلى مرضى الفُصال العظمي تطورًا ملحوظًا، لكن لتبدو أكثر فاعلية، يجب أن يوضع في الحسبان عمر المريض، ومشكلاته الصحية، والنشاط البدني الذي يمارسه. باختصار: مريض الفُصال العظمي يحتاج إلى عناية طبية خاصة!

## أربعة أصناف من الدواء لا غنى عنها

المعاناة في صمت أو ابتلاع أي دواء لم يعد خيارًا الآن. تناول الدواء المناسب في الوقت المناسب حل عملي ومنطقي للغاية، إضافة إلى ذلك يجب الانتباه لما نصح به طبيبك، فضلًا عن أنه لا يُنصح بتناول أي دواء بشكل مستمر، إذ يجب على المريض أن يأخذ فترات للراحة!

### مسكنات الألم هي المَقصد الأول

يمكن وصف عدة فئات من المسكنات لتسكين الآلام.

#### الباراسيتامول يأتي دائمًا في المقدمة

إنه مسكن الألم الذي يمثل المستوى الأول في فئة المسكنات والأكثر شيوعًا، فهو فعال ضد الآلام متوسطة الشدة. الجرعة المعتادة: 500 جرام ثلاث مرات يوميًا، وإن لم تكن هذه الجرعة كافية، يجب تناول 1 جرام مرتين أو ثلاث مرات يوميًا (هذه هي الجرعة القصوى!). تحذير: في حالة تناول مضادات التخثر، أوضحت الجمعية الفرنسية لطب الأمراض المفصلية مخاطر الجرعة الزائدة: يجب مراقبة العلاج بـ«AVK» (مضاد فيتامين «K») عن كثب في حالة تناول الباراسيتامول لفترة طويلة.

#### المسكنات الأقوى أكثر إفادة أحيانًا

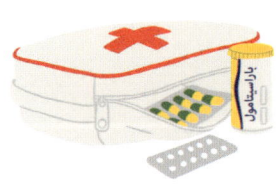

عندما لا يزول الألم بواسطة مسكنات الألم من المستوى الأول، فقد يصف لك الطبيب أدوية أقوى وأكثر فاعلية، مثل: الترامادول أو الكودين. وتستهدف هذه الأدوية التي تمثل المستوى الثاني من المسكنات الآلام المتوسط

والشديدة. لكن يجب أن تتوخى الحذر! فهذه المسكنات يُمكن أن تسبب الإدمان، ولها بعض الآثار الجانبية، مثل: الشعور بالدوار بالنسبة إلى الترامادول، والنعاس واضطرابات الجهاز الهضمي بالنسبة إلى الكودين. ويجب عدم تجاوز الجرعات الموضحة بدقة في وصفة الطبيب، وتناول هذه الأدوية لفترات قصيرة.

## العقاقير المضادة للالتهابات هي الحل الثاني

سنتحدث هنا عن مضادات الالتهاب غير الستيرويدية، أي التي لا تحتوي على الكورتيزون.

### إيبوبروفين على رأس القائمة

يُقدِّر الأطباء كثيرًا تأثيره الفعال المضاد للالتهابات في أثناء الإصابة بنوبات الفُصال العظمي، ويصفونه للحد من تدهور الغضروف وتآكله. يتميز بتأثيره المسكن الفعال جدًا عندما لا يعمل الباراسيتامول على تسكين الألم. الجرعة القصوى من الإيبوبروفين هي 400 جرام ثلاث مرات يوميًّا. وتوجد أنواع أخرى من مضادات الالتهابات غير الستيرويدية، مثل: الأسبرين، والكيتوبروفين. لكن يجب اتخاذ الاحتياطات نفسها مع هذه الأدوية كلها: خذ الدواء في أثناء تناول وجبة الطعام مع كوب كامل من الماء للحد من مخاطر تلف الجهاز الهضمي، وتجنَّب تناوله لفترة طويلة من الوقت.

### هل الكوكسيبات (المُصنعة أخيرًا) هي الأفضل؟

حظيت هذه الفئة الأخرى من مضادات الالتهاب غير الستيرويدية باهتمام بالغ منذ عشرين عامًا، لكن الأدوية التي صُنعت في البداية كانت لها تأثيرات سامة في القلب، مما أدى إلى سحبها من الأسواق. إنها لا تبدو أكثر فاعلية من الإيبوبروفين، لكن أهميتها تكمن في طريقة تأثيرها المختلفة (مثبطات إنزيم «COX-2») التي تهدف إلى عدم إلحاق الضرر بالجهاز الهضمي. تُصنع اليوم أدوية الجيل الثاني من الكوكسيبات، ومع ذلك، وفقًا للمراجعات الأخيرة التي أجرتها الوكالة الوطنية الفرنسية لسلامة الأدوية، تبين أن هذه الأدوية قد تلحق أضرارًا بالجهاز الهضمي. ولذلك يجب مراعاة الاحتياطات نفسها التي تُتخذ مع دواء الإيبوبروفين في أثناء الوجبات، فلا يزال هناك خطر بسيط يهدد القلب والأوعية الدموية جراء تناول الكوكسيبات.

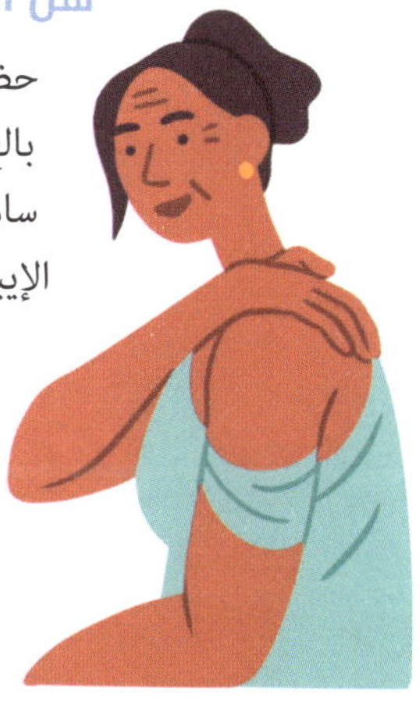

---

> **أخبرني يا دكتور جوود**
>
> **لماذا يؤخذ الباراسيتامول بوصفة طبية؟**
>
> لأن تسمم الباراسيتامول أمر وارد جدًّا! فالباراسيتامول دواء جيد لا يسبب آثارًا جانبية، شريطة ألا يتجاوز المريض الجرعات الموصوفة. فأكثر من 4 جرامات في اليوم، أو حتى 3 جرامات يوميًّا في حالة تناوله لفترات طويلة، يزيد من خطر الإصابة بالتسمم الكبدي، وأيضًا التسمم الكلوي، ويؤثر في القلب والأوعية الدموية، وهذا يُشكِّل خطرًا كبيرًا على الصحة

## هل المراهم أو المواد الهلامية أو اللاصقات مفيدة؟

تتغلغل العقاقير الموضعية المضادة للالتهابات بسرعة في الجسم، وتسبب راحة من الآلام وتسكينًا سريعًا أيضًا، لكنه لا يدوم طويلًا. لذلك من الضروري أن تُستخدم هذه العقاقير عدة مرات في اليوم، لأيام متتالية. وأهم خصائصها: نظرًا إلى أنها بطيئة الانتشار في الدم، فإن الآثار الجانبية في الجهاز الهضمي تكون قليلة، وتتناسب هذه الأدوية بوجه خاص مع المفاصل الصغيرة التي تقع أسفل الجلد مباشرة (أصابع اليد، والرُّكبة، والكوع، وأصابع القدم، إلخ).

## مادة الكابسيسين جيدة أيضًا!

علاج محلي يجدر استخدامه على نطاق أوسع.

### ما الكابسيسين؟

الفلفل الحار، أو بالأحرى مركبه النشط. وقد أوصى أطباء الأمراض المفصلية لأكثر من عشر سنوات بهذه المادة لكي تُستخدم في صورة لاصقات موضعية. لكن مع الأسف لا يوصف الكابسيسين طبيًّا، ويرجع ذلك جزئيًّا إلى أنه لا يُستخدم على نطاق واسع، على النقيض من المراهم المضادة للالتهابات. ويتوفر الكابسيسين (جرعة أقل من 1%) في المواد الهلامية والمراهم.

**نصيحة**

**الدكتور جوود**

**المُثلى!**

**عند وضع المادة الهلامية أو المرهم، يجب أن يكون الجلد نظيفًا وسليمًا. وفي حالة وجود احمرار في المنطقة المصابة، يجب الامتناع عن تدليكها، خصوصًا أن الأدوية الموضعية يمكن أن تسبب أنواعًا مختلفة من الحساسية. ضع قليلًا من المنتج في راحة يدك، ودلِّك بلطف حتى يتغلغل المرهم في الجلد، ولا تحرِّك المفصل لمدة نصف ساعة من وضع المادة الهلامية أو المرهم.**

### متى يُوصف طبيًّا؟

بوصفه مُسكنًا من الدرجة الثانية، بعد الباراسيتامول، وبشكل رئيسي في علاج الفُصال العظمي بمنطقة الرُّكبة. وتأثيره المتوقع: تقليل الألم لتعزيز المرونة وحركة المفاصل. ويُوصى بوضعه على منطقة الألم عدة مرات في اليوم. ويستخدمه الرياضيون أيضًا لتهدئة آلام عضلاتهم.

## مضادات طويلة الأمد لالتهاب المفاصل (AASAL)

تُعد المضادات طويلة الأمد لالتهاب المفاصل الأدويةَ الوحيدة المخصصة لمرض الفُصال العظمي.

### أدوية تدوم لأشهر

مصدر هذه الأدوية زيت الأفوكادو وزيت فول الصويا أو مستخلص الغضروف. وتهدف إلى إبطاء تدهور الحالة المرضية عن طريق الحد من نوبات الألم، وتتوفر في هيئة مكملات غذائية (انظر صفحة 44). فعاليتها معتدلة، وطريقة عملها بطيئة، لذلك يجب أن تؤخذ لمدة تتراوح بين ثلاثة أشهر وستة أشهر على الأقل، ليصبح المريض على دراية بفعاليتها في علاج الألم.

### لماذا لا تُستخدم هذه الأدوية على نطاق واسع؟

أوضحت الهيئة العليا للصحة (HAS) أن الفائدة المرجوة من استخدام هذه الأدوية غير كافية لتبرير انتشارها على نطاق أوسع، وهذا التصريح لا يعني أنها عديمة الفائدة. وقد أعرب كثير من أطباء الأمراض المفصلية عن أسفهم حيال هذا القرار وخشيتهم من تناول بعض المرضى الذين يرون آلامهم تعاودهم في كثير من الأحيان، لمزيد من الأدوية المضادة للالتهابات، مما يشكّل خطرًا محدقًا على صحتهم.

## لا تخشوا الحقن الموضعي

لا أحد منا يُحب إبر الحقن! لكن الحقن الموضعي يسبب في أغلب الأحيان ألمًا أقل من الحقن العادي. نتحدث هنا عن الحقن الموضعي بواسطة الأدوية المضادة للالتهابات، وبعض الأدوية الأخرى التي أثبتت فاعليتها.

### معالجة سبب المشكلة

يُمكن حقن المفاصل كلها، لكن الأدوية كلها غير صالحة، فعند حقنها مباشرة في المفصل يتضخم تأثيرها ويزداد مقارنة بالأدوية التي نتناولها عن طريق الفم. تكون عملية الحقن بشكل أساسي في الرُّكبتين والفخذ والإبهام، كما أنه من الممكن أن يُحقن العمود الفقري بالأدوية المضادة للالتهابات.

### يمكنك إجراء هذه الخطوات (كلها تقريبًا) بواسطة طبيبك

تُجرى عمليات الحقن بواسطة أخصائي الأمراض المفصلية، أو ممارس عام، في أجواء معقمة ونظيفة وصارمة. في الواقع، فور أن تتغلغل مادة الحقن إلى داخل الجسم، فإن خطر تسلل جرثومة أو ميكروب أمر وارد. لكن لحسن الحظ، فالتطهير الدقيق للجلد يجعل هذا الحادث أمرًا نادرًا جدًّا. وتُؤجَّل هذه العملية بالطبع إذا كان المريض مصابًا بأي مرض جلدي بالقرب من المفصل الذي ينبعث منه الألم. وقد يحدث نزيف أو حساسية عقب الحقن بهذه الأدوية، وعادةً ما تكون هذه الأعراض غير خطيرة.

### أدوية مخصصة

هناك بعض الأدويـة التي تساعد المرضى على تجاوز فترات الألم العصبية، وهذه النوعيات من الأدوية ظهرت حديثًا ولا تزال قيد التقييم.

### مضاد للالتهابات لتخفيف نوبات الألم

نتحدث هنا عن اللجوء إلى استخدام الحقن بالكورتيزون، ولكن ليس هناك ما يدعو إلى القلق، فمادة الكورتيزون لن تنتشر في الدم. يُحقن المريض بهذه المادة في المفصل في حالة حدوث نوبات التهابية متكررة (أكثر من مرة في

**أخبرني يا دكتور جوود**

### هل الحَقن يسبب ألمًا؟

**كُن مطمئنًا، هذا أشبه بالألم البسيط الذي ينبعث عند أخذ عينة دم لفحصها، ولذلك لا يُستخدم أي تخدير موضعي. لكن يمكن للمرء أن يشعر بعد ذلك بتصاعد وتيرة الألم الذي ينحسر قطعًا في غضون ساعات قليلة. إذن بعد عملية الحقن ابقَ هادئًا في المنزل!**

الشهر) يصعب تخفيف الآلام المصاحبة لها (مناسبة للأشخاص الذين ينتمون إلى **النمط الثالث**). ويوصف هذا الحقن الموضعي بشكل رئيسي في حالة الإصابة بالفُصال العظمي في الرُّكبة، ولا سيما عندما يستمر التورم (بسبب الانصباب الزلالي) على الرغم من الأدوية التي يتناولها المريض. ويُعَد حلًّا سحريًّا لأولئك الذين لديهم موانع لتناول الأدوية المضادة للالتهابات عن طريق الفم. القاعدة التي يجب اتباعها: يجب عدم حقن المفصل أكثر من ثلاث إلى أربع مرات سنويًّا.

## حمض الهيالورونيك لعملية «تزييت» المفاصل

يفقد هذا المكون الذي يُسمى «السائل الزلالي» صفاته الزيتية المسهلة للحركة كلما تطورت حالة الفُصال العظمي. ومن هنا جاءت فكرة تزويد المفاصل بهذه المادة الزلالية لكي تتمكن من الاحتفاظ بقدرتها على الحركة (**النمط الثاني أو الثالث**). يُمكن لمناطق الورك والكتف والكاحل والإبهام أن تستفيد من هذه المادة اللزجة التي تُحقن المفاصل بها في فترات بعيدة عن نوبات الألم. تُحقن الرُّكبة بحمض الهيالورونيك من أجل الحفاظ على مرونة المفصل لأطول فترة ممكنة. وهذا الأمر يمكن أن يسمح لك بمواصلة ممارسة الرياضة (قليلًا!) من دون إثارة الألم (**النمط الثاني**). لكن الأطباء لم يتفقوا جميعًا على استخدام هذا النوع من العلاج الذي لا يصلح لجميع المرضى. وتؤخذ ثلاث حقن بفاصل ثمانية أيام، أو حقنة واحدة وفقًا لنوع العقار المستخدم. ويجب أن تنتظر فترة تتراوح بين شهر وشهر ونصف للحكم على التأثير الدوائي لهذه المادة التي يستمر مفعولها لمدة عام في المتوسط.

## البلازما المخصبة في الصفائح الدموية لإعادة بناء الغضروف

يُشكِّل هذا العلاج طفرة علمية في علاج حالات الفُصال العظمي المتدهورة، خصوصًا التي تصيب المفاصل الكبرى (الرُّكبة والكتف). القليل من «التلاعب» المشوب ببعض التعقيد أمر ضروري للغاية. الخطوة الأولى: تؤخذ عينة من دمك، وتُحضر إلى المختبر لاستخلاص الصفائح الدموية الغنية بعوامل النمو (العناصر التي تحفز الخلايا). الخطوة الثانية: تُحقن بهذا المزيج، الذي يُنشط أحيانًا بحمض الهيالورونيك، في المفصل. تُجرى هذه العملية في أثناء خضوع المريض لتخدير موضعي. تليها عشر دقائق من الراحة، ثم العودة إلى المنزل. والهدف الرئيسي هو العمل على تحفيز خلايا الغضروف بواسطة عوامل النمو من أجل «إصلاح» الغضروف. ولا تزال هذه التقنية الطبية الحديثة التي يستخدمها عدد قليل من الجراحين والأطباء المتخصصين في الأمراض المفصلية خاضعة للتجارب السريرية.

**خبر سار**

### هل ستُحقن الخلايا الجذعية قريبًا؟

**هي عملية تنطوي على أخذ الخلايا الجذعية من دهون البطن وحقنها في الرُّكبة، على أمل أن تتحول إلى خلايا غضروفية. عادةً ما تكون الخلايا الجذعية قادرة على تكوين أي نوع من الخلايا، شريطة أن تكون البيئة ملائمة. ومن المتوقع ظهور نتائج هذه الطريقة التجريبية في عام 2021.**

# المفاصل الاصطناعية، عندما لا يوجد خيار آخر

برزت نواة فكرة عمل مفاصل اصطناعية من العاج في القرن الماضي، ومنذ ذلك الحين تطورت المفاصل الاصطناعية بشكل لافت للنظر، وقد انطوى هذا التطور على تحسين المواد والخامات المستخدمة في التصنيع.

## ما العمر الافتراضي للمفصل الاصطناعي؟

**يُقدَّر العمر الافتراضي بنحو خمس عشرة إلى عشرين سنة، لكن الطرف الاصطناعي يتلف بشكل أسرع عند الشباب ومفرطي الحركة!**

## متى يكون اللجوء إلى هذا النوع من التدخل الجراحي؟

ليس مبكرًا، ولا بعد فوات الأوان. ونادرًا ما يلجأ الأطباء إليه قبل بلوغ خمسة وخمسين أو ستين عامًا!

## إنه الملاذ الأخير

عندما تتفاقم حدة الألم، يظهر جليًا تلف المفصل عقب إجراء فحص بواسطة الأشعة السينية، وهنا تفرض مسألة استبدال المفصل نفسها. لكن هذا التدخل الجراحي لا يُعَد حالة طبية طارئة! لذلك ينبغي أن تأخذ ما يكفي من الوقت لتثقيف نفسك والتفكير مليًا في الأمر: أنت صاحب القرار في نهاية المطاف، فجودة حياتك ونمطها هما اللذان صارا الآن على المحك وليس صحتك بأكملها. يجب أن تُقدِّر حجم المخاطر (يمكن أن تنجم عن مثل هذه التدخلات الجراحية، في بعض الأحيان، أحداث غير متوقعة)، وما سيعود عليك بالنفع: ستمارس حياتك على نحو أفضل بلا شك مع وجود مفصل اصطناعي (90% من النتائج مُرضية للغاية بالنسبة إلى تركيب مفصل الورك الاصطناعي). يبقى تحديد الوقت المناسب مع الجراح: ليس في سن مبكرة، لأن الطرف الاصطناعي لا يدوم إلى الأبد، ولا بعد فوات الأوان، لأن تلف العظام والعضلات والأربطة من شأنه أن يعرض نتيجة العملية الجراحية للخطر.

## التأهب جيدًا قبل اللجوء إلى هذا التدخل الجراحي

الإعداد الجيد للجسم قبل إجراء هذا النوع من التدخل الجراحي يزيد من فرص النجاح. ومن المهم تقوية العضلات المحيطة بالمفصل الذي سيغيره الطبيب، لأنه في أغلب الأحيان تكون هذه العضلات قد تعرضت للضمور بسبب قلة الحركة التي سببتها نوبات الألم الشديدة. ومسألة تقوية العضلات ستغدو أمرًا لا يُقدَّر بثمن وستؤتي ثمارها اليانعة في أثناء إعادة التأهيل بعد إجراء التدخل الجراحي.
يُمكن إجراء هذا التحضير للعضلات بواسطة أخصائي العلاج الطبيعي، أو عبر الوصفات الطبية. وقد يطلب منك الطبيب الجراح أيضًا أن تفقد بعض الوزن. وأخيرًا، ستكون عُرضةً لهذه المخاطر المُعدية المحتملة: الأسنان، الجيوب الأنفية، عدم اللجوء إلى الحقن بمادة الكورتيزون مؤخرًا.

الفصل الثاني: لكل شخص طريقة علاج خاصة! 41

## ما المفاصل التي يصلح استبدالها؟

يُمكن اليوم استبدال المفاصل كلها تقريبًا. إذا كان استبدال مفصل الورك هو التدخل الجراحي الأكثر نجاحًا واكتسب شهرة واسعة، فيمكن أيضًا الحصول على نتائج جيدة عقب استبدال مفاصل الرُّكبة والكتف.

## مفصل الورك الاصطناعي هو الأكثر شيوعًا

من بين المعدن والسيراميك والبولي إيثيلين، يختار الجراح المادة المكونة للمفصل الاصطناعي وفقًا لطبيعة الحالة التي يتابعها (مدى التلف أو التآكل، وشكل المفصل، وعادات الجراح، إلخ). يعود المريض إلى السير على نحو معتاد، غالبًا في اليوم نفسه الذي أُجري فيه التدخل الجراحي، مع عدم الاستغناء عن العكازات في بداية الأمر. يُنصح بعدم القيادة لمدة شهر إلى شهرين، وبعد ذلك يعود المرء إلى حياته الطبيعية وفقًا لبرنامج تأهيلي، مع ممارسة الرياضة: المشي، وركوب الدراجات، والسباحة، والجولف. ولممارسة رياضة التزلج، ينبغي أن تطلب موافقة الجراح.

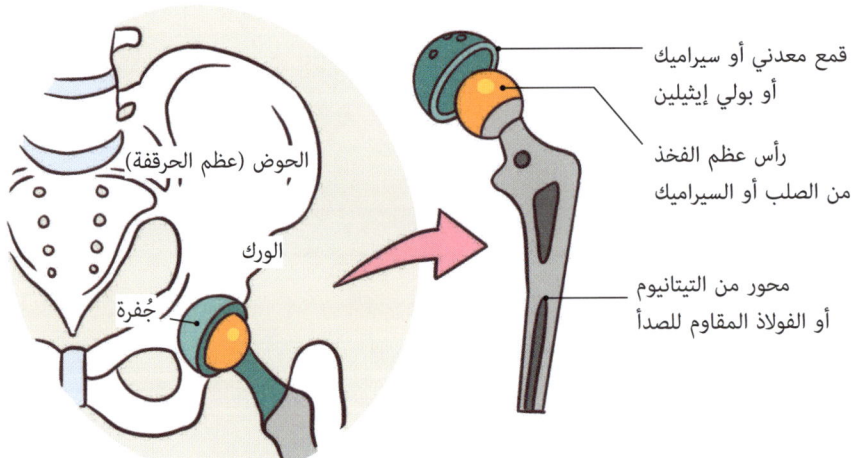

### مفصل الورك

يتكون المفصل الاصطناعي الكلي للورك من قمع (لتقوية المفصل من جانب الحوض)، ورأس وعنق ينتهي بهما محور مثبت في عظم الفخذ. يُثبَّت بواسطة مادة معينة أو بواسطة العظم الذي ينمو مرة أخرى حول المفصل الاصطناعي.

## المفصل الاصطناعي للرُّكبة: هل يُستبدل بأكمله أم لا؟

يمكن استبدال مفصل الرُّكبة بأكمله (هذا ما يحدث مع أغلب الحالات) أو جزء منه فقط. وتبدو إعادة التأهيل أمرًا مملًّا للغاية (تمتد لعدة أسابيع)، لكنها ضرورية لأبعد الحدود. فبينما يُعاد تأهيل مفصل الورك بشكل جزئي عن طريق المشي البطيء، فإن الرُّكبة تحتاج إلى تحريكها في جميع الاتجاهات، ولن يتمكن المرء المتعافي من ثني رُكبته بشكل كامل مثلما كان يحدث آنفًا، لكنه سيعاود السير على نحو طبيعي، نعم، خلال شهرين أو ثلاثة أشهر. ويُنصح باستئناف ممارسة الرياضة، برفق وحذر بالطبع! وإذا سارت الأمور على ما يرام، يمكننا العودة إلى ممارسة التزلج مرة أخرى!

## المفصل الاصطناعي للكتف هو الأكثر تعقيدًا

يُثبَّت جزء معدني برأس عظم العَضُد (عظم الذراع) ويُثبَّت جزء آخر من البولي إيثيلين في لوح الكتف. يستيقظ المريض ليجد ذراعه متسمرة في ضمادة. وإعادة التأهيل طويلة (تستمر لعدة أشهر) وتسمح باستعادة ثلثي حركة الكتف.

---

## حل جراحي آخر: إيثاق المفصل

عندما يظل الألم مزعجًا للغاية، ويصعب تركيب مفصل اصطناعي (في الكاحل أو القدم أو الظهر)، يمكننا أن نلجأ إلى ترميم المفصل. يعمل الجراح على دمج الجزأين العظميين من المفصل المسببين للألم بعضهما مع بعض باستخدام مادة مناسبة (مسامير، أو ألواح معدنية، أو دبابيس معدنية). وللحفاظ على الوضع الذي حُدد في أثناء التدخل الجراحي الذي سينجم عنه انتظار اندماج العظام (بعد إزالة الغضروف، سيندمج الجزآن العظميان بالفعل)، من الضروري التوقف عن الحركة لعدة أسابيع. الإيماءة تزيل الألم بشكل نهائي، لكن على الجانب الآخر - وهذا هو سبب اللجوء إلى هذا الحل مع بعض الحالات الخاصة - يفقد المفصل هنا حركته.

الفصل الثالث

# العلاج بالطرق الطبيعية أكثر الوسائل فاعلية!

ليس بالضرورة أن تكون من محبي الأدوية العشبية أو المكملات الغذائية أو المعالجة المثلية (الطب التجانسي) لتقر بأن العلاج بالطُّرق الطبيعية يستحق أن نوليه اهتمامًا خاصًّا. ليست هذه الطُّرق الطبيعية كافية في بعض الأحيان فحسب، بل إنها تحد كثيرًا من الآثار الجانبية للأدوية. ولهذا، ألا يستحق الأمر أن نلقي نظرة ثاقبة؟

## المكملات الغذائية الأكثر شهرة

أُجريت بعض الدراسات السريرية والتجارب بهدف عقد مقارنة بين الأنواع المتعددة للمكملات الغذائية، وجاءت معظم النتائج متباينة. الأمر المثير للدهشة هو أن أطباء الأمراض المفصلية ينصحون بالكاد بتناولها. ومع ذلك، يُباع منها مليون علبة سنويًّا.

### الجلوكوزامين مادة طبيعية ثمينة

#### ما هي؟

تتكون هذه المادة بالفعل في المفاصل. إنها نوع من البروتين السكري يساعد في الحفاظ على صحة غضروف المفصل، وتتناقص كميته كلما تقدَّم العمر. يُستخدم هذا الجزيء كأحد مكونات الأدوية المضادة لالتهاب المفاصل طويلة الأمد (AASAL، انظر صفحة 38). ويُستخلص الجلوكوزامين المقدَّم كمكمل غذائي من قشور الأسماك القشرية (السلطعون، والجمبري)، ولهذا السبب يجب على الأشخاص المصابين بحساسية من الأسماك القشرية ألا يتناولوا هذا النوع من المكملات الغذائية.

## ما المتوقع حدوثه؟

تحسن وظائف المفاصل من خلال عمل هذه المادة كمضاد للالتهابات ومضاد للأكسدة. وتشير بعض الدراسات أيضًا إلى تأثيرها البسيط المسكن للآلام. ويجب أن يؤخذ الجلوكوزامين لمدة ثلاثة أشهر على الأقل للحكم على فعاليته. إذا شهدت حالتك تحسنًا، فهذا أمر رائع! وإن لم تشهد حالتك أي تحسن، فلا داعي لأخذه مرة أخرى.

## ما الجرعة المقترحة؟

تتراوح الجرعات المقترحة بين 1 جرام و1.5 جرام يوميًّا، وفقًا لمنهج علاجي مدته ثلاثة أشهر، ويُكرر عدة مرات في السنة. لا يسبب تناوله أي أضرار على الجسم، ولكن لا تزال هناك بعض الآثار الجانبية المثيرة للقلق. ففي حالة الشعور بالغثيان والصداع واضطرابات العبور المعوي والحكة، فمن الضروري التوقف عن تناوله. الاستشارة الطبية أمر ضروري بالنسبة إلى من يعانون مرض السكري أو الربو أو من يتناولون أدوية مضادة للتخثر.

### أخبرني يا دكتور جوود

### هل الأوميجا 3 مفيدة؟

الأوميجا 3 مفيدة جدًّا للأوعية الدموية، كما أنها جيدة للمفاصل. لكن هذه الأحماض الدهنية المسماة «أساسية»، لأن الجسم لا يُنتجها، متوفرة بسهولة وبكثرة في بعض الأطعمة (الأسماك الدهنية، وزيوت بذور اللفت، وزيوت بذر الكتان، والسمن النباتي)، لذلك فتناولها في هيئة مكملات غذائية أمر لا جدوى منه في حالة الإصابة بالفُصال العظمي.

## الكوندروتين مساعد الجلوكوزامين المثالي

### ما هو؟

إنه بروتين سكري آخر، يُصنع أيضًا في مفاصلنا وأوتارنا، من بين أشياء عديدة أخرى. ويضمن سلامة الغضروف وصحته ومرونته، ويُستخرج من غضروف السمك أو من زعانف سمك القرش المسحوقة. في أغلب الأحيان يُقترح دمجه مع الجلوكوزامين لتعزيز تأثيره الداعم والمعالج للأسطح المفصلية التالفة، وتحتوي العديد من المكملات الغذائية على كليهما.

### خبر سار

### إضافة عبقرية جديدة، الكولاجين المتحلل بالماء

نوع من مرق العظام فائق التركيز، يُقدَّم كمسحوق الكولاجين، وهو أمر شائع الحدوث في آسيا. يمكن الحصول عليه من خلال عملية تحلل مائي متطورة مما يسمح بامتصاصه بواسطة المفصل. وهو وسيلة جديدة عبقرية لتقليل الألم وتحسين الحركة. الجرعة المثالية هي 10 جرامات يوميًّا وفقًا لمنهج علاجي مدته ثلاثة أشهر مرة واحدة في السنة.

### ما المتوقع حدوثه؟

تقل بشكل تلقائي جرعات الأدوية القوية الأخرى بفضل تحسن وظائف المفاصل. يُعَد الكوندروتين ذا تأثير معتدل مسكن للآلام مثل الجلوكوزامين، لكن الأمر يستحق المحاولة. هاتان المادتان مخصصتان للآلام المعتدلة (**النمط الثاني**) التي تصيب منطقتي حُق الفخذ والرُّكبة.

### ما الجرعة المقترحة؟

من 800 إلى 1200 ملليجرام يوميًّا، على مدى عدة أشهر، عدة مرات في السنة إذا لوحظ وجود تحسن. ينتج عن تناوله الآثار الجانبية المحتملة نفسها التي تنتج عن تناول الجلوكوزامين (الغثيان، والصداع، واضطرابات العبور المعوي، والحكة، إلخ). ويُنصح باستشارة الطبيب في حالة الإصابة بمرض السكري أو تناول أدوية مضادة للتخثر.

## أربعة نباتات يُنصح بها على وجه الخصوص

يُعاد الآن اكتشاف الخصائص الطبية لهذه النباتات التي انتقلت معرفتها وفوائدها من جيل إلى جيل. وهذا أمر في غاية الأهمية، لأنه سيعود على الإنسان بالخير العظيم والنفع العميم.

### البطل المغوار: مخلب الشيطان أو نبات الكُلَّاب

يُزرع في جنوب أفريقيا، ويُستخدم منذ فترة طويلة جدًّا في علاج مشكلات المفاصل.

### ما فائدته؟

يحتوي على مواد تخفض من السيتوكينات الالتهابية، وهي المحرضة على حدوث الالتهابات، مما يجعله بمثابة مضاد طبيعي للالتهابات. وقد ثبت أن هذا النبات الأكثر فاعلية ضد نوبات الألم الشديدة التي تنجم عن التهاب المفاصل.

### كيف نتناوله؟

يمكن أن نختار بين مستخلص سائل يُباع في الصيدليات (الجرعة 30 نقطة، صباحًا وظهرًا ومساءً)، وشاي عشبي (لكنه ذو مذاق سيِّئ حقًّا)، والمكملات الغذائية (مسحوق أو مستخلص في شكل كبسولات). يجب تجنب تناول نبات الكُلَّاب في حالات الإصابة بالقرحة الهضمية، ويُنصح بعدم تناول الأدوية المضادة للالتهابات في الوقت نفسه. الحد الأدنى من العلاج شهران! لاحظ جيدًا الجرعات المحددة من قبل الشركة المُصنعة.

### الأسبرين الطبيعي: الصفصاف الأبيض

واحد من أقدم النباتات الطبية المستخدمة!

### ما فائدته؟

يحتوي لحاء هذه الشجيرة الصغيرة ذات الأوراق الفضية على مشتقات حمض الساليسيليك (العنصر النشط في الأسبرين). وتنطبق عليه موانع استعمال دواء الأسبرين نفسها (القرحة الهضمية، وتناول أدوية مضادة للتخثر أو مضادات الالتهاب غير الستيرويدية).

## كيف نتناوله؟

تُغلى القشور (اللحاء) (جرامان إلى ثلاثة جرامات لكل كوب، عدة مرات في اليوم)، أو يُؤخذ كمكمل غذائي (في هيئة كبسولات). وتعتمد الجرعات على العلامات التجارية، ولا تزيد الجرعة على شهر.

# الأسبرين الطبيعي في صورة أخرى: إكليلية المُروج أو مَلكة المُروج

تزين أزهاره البيضاء الأراضي الرطبة في الريف.

## ما فائدته؟

يكمن ثراؤه في قممه المزهرة التي تحتوي على الفلافونويد (مضادات الأكسدة) ومشتقات الساليسيلات (التي تمنح للمريض تأثيرًا مسكنًا، مثل الأسبرين). وهو مدر للبول، كما أنه فعَّال في القضاء على السموم. والنتيجة: فعالية مؤكدة ضد آلام المفاصل المزمنة.

## كيف نتناوله؟

يُنقع في الماء (اسكب الماء المغلي على ملعقة أو ملعقتين كبيرتين من الزهور المجففة، وانتظر ثماني دقائق، ثم صفِّ المنقوع إذا لزم الأمر)، ويُتناول هذا المشروب ثلاث مرات في اليوم، أو كمكمل غذائي، كبسولتان إلى ست كبسولات يوميًّا وفقًا لجودة المنتج. ولا يُنصح به لمن يتناولون أدوية مضادة للتخثر.

# مضاد للالتهابات في حدائقنا: الكِشمِش الأسود أو الهَلمُوش

في حالة الإصابة بداء الفُصال العظمي، فأوراق هذا النبات هي التي تهمنا!

## ما فائدته؟

الأوراق، وكذلك البراعم، غنية جدًّا بمضادات الأكسدة والمركبات المضادة للالتهابات. ويحتوي الكشمش الأسود أيضًا على خصائص مدرة للبول تساعد على التخلص من فضلات الجسم، فضلًا عن أنه لا يُلحق أي ضرر بالجسم، لأنه لا يتفاعل مع الأدوية الأخرى. يجب فقط أن تتجنب تناوله كثيرًا إذا كنت تعاني الإمساك.

### شاي الأعشاب المهدئ

**امزج:**

- **20 جرامًا من أوراق الكشمش الأسود**
- **20 جرامًا من الجنطيانا الصفراء**
- **20 جرامًا من زهرة البنفسج ثلاثي اللون**
- **20 جرامًا من زهرة إكليلية المروج**

**لتحضير كوب، اسكب الماء المغلي على ملعقة كبيرة من هذا الخليط، ثم اتركه منقوعًا لمدة عشر دقائق، ثم صَفِّه. يمكنك تناول كوبين في اليوم.**

يعود الفضل في هذا الاختراع العبقري إلى الدكتور لوران جرانج أخصائي الأمراض المفصلية بمستشفى جامعة جرونوبل.

## كيف نتناوله؟

منقوع الأوراق (ملعقتان إلى أربع ملاعق صغيرة لكل كوب، عدة مرات يوميًّا)، على شكل مكمل غذائي (كبسولات). أو مستخلص سائل (30 نقطة، 3 مرات في اليوم).

## لا يُعَد العلاج اليدوي وسيلة بديلة!

الجمع بين أكثر من وسيلة علاجية أمر لا غنى عنه، سعيًا لإبطاء تدهور حالة الإصابة بداء الفُصال العظمي. وأظن أن هذا الأمر لا يثير اندهاشك، فالعلاج اليدوي يحتل الآن مكانة بارزة.

## العلاج الطبيعي يساهم في تليين المفاصل

مصطلح «العلاج الطبيعي» يعني في اللغة اليونانية «العلاج عبر اللجوء إلى الحركة». وهذا أمر جيد بالنسبة إلى الإصابات التي تعوق المرء عن التحرك بشكل طبيعي.

### التدليك والخضوع لبرنامج علاجي

ليس من قبيل المصادفة إطلاق هذه التسمية الصحيحة: «أخصائي علاج طبيعي ومدلك»! سيسمح لك تدليك العضلات المحيطة بالمفاصل المتيبسة باستعادة المرونة، وسيساهم العلاج الحركي الذي يستهدف الرُّكبة الحساسة أو حُق الفخذ في تحسين قدرة المحاور على الحركة.

### لا يتوقف الأمر عند هذا الحد

يمكن لأخصائي العلاج الطبيعي أيضًا أن يلجأ إلى استخدام تقنيات حديثة ظهرت في مجال العلاج الطبيعي، مثل: العلاج الكهربائي (يضع أخصائي العلاج الطبيعي أقطابًا كهربائية على سطح الجلد تمر من خلالها تيارات كهربائية منخفضة الكثافة)، أو الموجات فوق الصوتية (الموجات التي تمر عبر الأنسجة وتنتج نوعًا من التدليك المجهري). ويوضح أخصائي العلاج الطبيعي لك أيضًا التعليمات التي يجب اتباعها: تختلف حالات الفُصال العظمي من شخص إلى آخر، ويحتاج كل مفصل إلى حركات مخصصة ليحتفظ بقدرته على الحركة. لا شيء يضاهي تكرار التدريبات التي تُمارس بانتظام في المنزل.

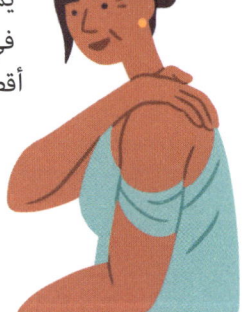

---

## ماذا عن دور الطب التجانسي؟

يُعَد السماق الوبري المنتجَ الأكثر وصفًا من قِبل أطباء المعالجة المثلية لاعتلال المفاصل:

- إذا كانت شدة الألم متفاقمة بسبب الرطوبة، فجرعة السماق الوبري: 5CH، 3 جرامات، ثلاث مرات يوميًّا.
- عندما تشعر بالألم من وقت إلى آخر: السماق الوبري، إضافةً إلى أعشاب الفاشرا، الجرعة 9CH، 3 جرامات لكلٍّ منهما، مرتان إلى ثلاث مرات يوميًّا.
- لالتهاب مفاصل الرُّكبتين: الراديوم بروماتوم 15 CH، 3 جرامات، ثلاث مرات يوميًّا.
- لالتهاب مفاصل الأصابع: العشبة كريستوفر Actaea 5 CH، 3 جرامات، ثلاث مرات يوميًّا.

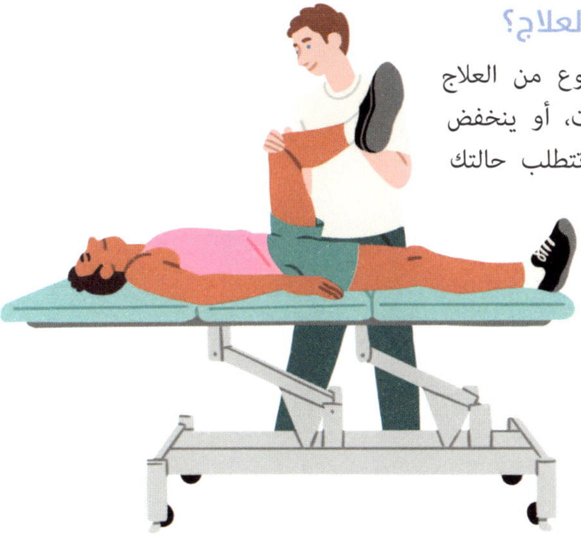

## متى يجب اللجوء إلى هذا النوع من العلاج؟

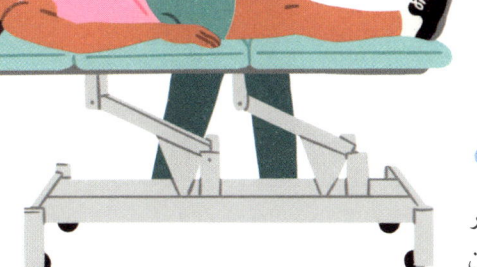

من المحتمل أن يوجِّهك طبيبك نحو هذا النوع من العلاج (**النمط الثالث**)، خصوصًا عندما تضمر العضلات، أو ينخفض المعدل الحركي، أو يزداد تيبس المفاصل، أو تتطلب حالتك الخضوع لتمرينات برنامج علاجي محدد. يُرجى ملاحظة هذا الأمر: في أثناء فترات نوبات الألم الشديدة، يُجري الطبيب هذه الجلسات على فترات متباعدة.

## علاج الوخز بالإبر خصوصًا للرُّكبة

إضافةً إلى العلاج الطبيعي، سواء باستخدام الإبر أو المِحْجم (أكـواب الشفط)، فإن الهدف من الوخز بالإبر إعادة توازن الطاقة لمساعدة الجسم على التعافي والاستشفاء. ولا تزال نتائج الدراسات المتعلقة بهذا الشأن متباينة حتى الآن. يتملك البعض ممن يعانون الفُصال العظمي في الرُّكبتين شعور براحة لم يختبروها من قبل، ويمكنك محاولة الحكم بنفسك إذا كان هذا النوع من العلاج سيجلب لك الراحة.

## تقويم العظام لتقليل الضغط

يُتخذ القرار وفقًا لما يرتئيه أخصائي تقويم العظام. بعد أن تُحدد نسبة التيبس والانسدادات، يسعى الطبيب لإزالة الضغط حول المفصل المتآكل أو التالف، وربما تصحيح الاختلالات عن بُعد التي تتسبب غالبًا في حدوث الألم. في أغلب الأحيان، يستلزم الأمر عدة جلسات متتالية، ويقوم الطبيب بهذا الإجراء الذي يتطلب قدرًا كبيرًا من الدقة في فترة هدوء الألم، للحد من الضغوط التي تتعرض لها الأماكن التالفة.

# العلاج بالمياه المعدنية الكبريتية الحارة أثبت فاعلية كبيرة

أظهر كثير من الدراسات فاعلية العلاج بالمياه المعدنية الكبريتية الحارة في حالات الإصابة بداء الفُصال العظمي، ولا سيما دراسة العلاج الحراري للفُصال العظمي التي أُجريت على 462 مريضًا في ثلاثة مراكز للعلاج بالمياه المعدنية الكبريتية الحارة. المدة المُثلى هي ثلاثة أسابيع، أي أكثر من ثمانية عشر يومًا، وهي المدة المحددة من قِبل الطبيب للحصول على أفضل نتائج.

## العناية اليومية عن طريق تدليك المفاصل

التدليك في المياه الحرارية (غالبًا ما تكون هذه المياه غنية بالكبريت)، ووضع الطين الحراري الساخن، والكاولين، والكمادات الطينية. يُحدد العلاج المناسب من قِبل الطبيب فور وصف المريض لحالته. لا تتجاهل فترات الراحة بين الجلسات، فهي بالغة الأهمية لتحقيق أقصى استفادة من العلاج الذي لن تظهر آثاره إلا فيما بعد.

## الشعور بانخفاض ملحوظ في شدة الألم

وفقًا لدراسة العلاج الحراري للفُصال العظمي، شعر 50% من المرضى بانخفاض ملحوظ في شدة الألم خلال الأشهر الستة التالية. واتضح هذا جليًّا من خلال انخفاض حاجتهم إلى المسكنات والأدوية المضادة للالتهابات. ويمكن أيضًا تفسير هذه الطفرة السريعة من خلال التثقيف العلاجي الذي تلقوه في هذه الفترة (ينبغي ممارسة التمرينات في المنزل، واتباع الإجراءات التي يجب أن تصبح جزءًا لا يتجزأ من الحياة اليومية). يمكن التوصية بعلاج سنوي يدوم لعدة سنوات (**النمط الثالث**).

أخبرني يا دكتور جوود

### حار أم بارد؟ ماذا نرتدي عندما ينتابنا الشعور بالألم؟

**لمن يعانون تصلب المفاصل وتيبسها، يجب ارتداء الملابس التي تمنح شعورًا بالدفء، فالحرارة تزيد من تدفق الدم وتحفِّز العضلات، مما يسبب شعورًا بالراحة. يمكن أن يساعد وضع لاصقة تدفئة قبل النهوض من الفراش بنصف ساعة على التخلص من تصلب المفصل وتيبسه في الصباح. في حالة حدوث نوبة ألم، فالعكس هو الصحيح! تقلل اللاصقات الباردة من الالتهاب.**

## الفصل الرابع

# دليلك الشخصي للحفاظ على صحة المفاصل

**بالنسبة إلى سيارتك، فالفحص الفني أمر إلزامي لا خيار فيه، ولكن هذا لا ينطبق على مفاصلك، وهذا لا يعني أن مفاصلك لا تحتاج إلى صيانة للحفاظ عليها، بل العكس تمامًا! سندربك على تمارين بسيطة وسهلة لا تتطلب أي معدات، ولكن ينبغي ممارستها برفق وحذر.**

## تنشيط المفاصل كلها!

يجب تبنِّي هذه العادة الصحية للحفاظ على مرونتك. فيما يلي أربعة تمارين عليك أداؤها فور النهوض عن فراشك.

### تمرين 1: تنشيط الفقرات العنقية

يجب الجلوس على حافة السرير أو الوقوف عند طرفه، أمِل رأسك إلى الأمام ثم إلى الخلف، أمِل رأسك إلى اليمين، ثم عد برأسك إلى وضعه الصحيح، ثم أمِله إلى اليسار، ثم أعده إلى الوضع الصحيح. قم بدورة كاملة بالرأس حول نفسه، برفق شديد بالطبع! ونفذ هذه الحركات ببطء خمس مرات.

## تمرين 2: شد الظهر

قف بينما القدمان متباعدتان قليلًا لتكون في وضع ثابت، ارفع ذراعيك بطريقة عمودية مستنشقًا الهواء، وشد جسدك قدر الإمكان كما لو أنك ترغب في ملامسة السماء، ثم ضع ذراعيك أمامك وأخفضهما نحو الأرض مستنشقًا الهواء ومائلًا بجذعك إلى الأمام، وأرخِ رأسك محاولًا لمس الأرض بأصابعك، ثم اجعل ظهرك ينتصب مرة أخرى عن طريق بسطه ببطء شديد، فقرة تلو الأخرى، محتفظًا باستنشاق الهواء. هذا تمرين جديد لعشاق اليوجا.

## تمرين 3: تنشيط الكتفين

قف مع الاحتفاظ بظهرك في وضع مستقيم بينما ذراعاك إلى جانبيك، وحرك كتفك اليمنى على شكل دوائر كبيرة في اتجاه واحد، ثم في الاتجاه المعاكس خمس مرات. كرر هذا التمرين مع الكتف اليسرى. أنهِ التمرين بتحريك المعصمين بطريقة دائرية، واحدًا تلو الآخر (خمس مرات في كل اتجاه).

## تمرين 4: تليين الرُّكبتين والكاحلين

الوقوف مع ضم الساقين والقدمين بعضهما إلى بعض، ووضع اليدين على الوركين، وثني الرُّكبتين، والانحناء قليلًا إلى الأمام، ثم تحريك الرُّكبتين بطريقة دائرية مع الاحتفاظ بوضعية الساقين والقدمين (خمس مرات في كل اتجاه). أنهِ التمرين بتحريك الكاحلين بطريقة دائرية، واحدًا تلو الآخر (خمس مرات في كل اتجاه).

# المحافظة على مرونة الرقبة

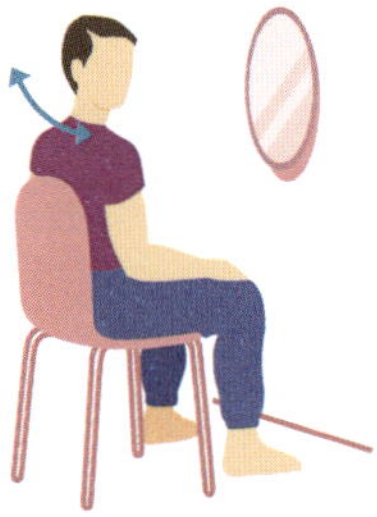

## تمرين 1: تنشيط دوران الرقبة

اجلس على مقعد في مواجهة المرآة، وثبت ظهرك جيدًا على مسند المقعد، وأدر رأسك قليلًا من اليمين إلى اليسار، ثم تدريجيًا أكثر فأكثر. ولكن احذر، فالرقبة فقط هي التي يجب أن تتحرك.

## تمرين 2: تقوية العضلات الممتدة بطول الجزء الخلفي من الرقبة (العضلات الباسطة للعمود الفقري العنقي)

ضع منشفة خلف رأسك وأمسكها بشكل أفقي بيديك الاثنتين، ثم ادفع رأسك إلى الخلف بينما تسحب المنشفة إلى الأمام لإيجاد نوع من المقاومة، بينما تظل الرقبة في وضع مستقيم. مارس هذا التمرين لمدة خمس ثوانٍ، ثم أرخِ رقبتك، ثم كرره مرة أخرى (خمس مرات).

## تمرين 3: شد قاعدة العنق

يجب أن يكون الظهر والرأس في وضع مستقيم، وكتفك اليمنى إلى أسفل قليلًا، ضع يدك اليسرى بشكل أفقي على رأسك، ولامس بأطراف أصابعك أذنك اليمنى، ثم اضغط برفق على الرأس (الذي سيميل بالطبع إلى اليسار). تظل الرقبة في وضع مستقيم، وتنظر عيناك دائمًا إلى الأمام. استمر لمدة خمس ثوانٍ، ثم كرر التمرين نفسه على الجانب الآخر.

# تقوية الرُّكبتين

يجب أداء هذه التمارين (بطريقة مثالية) في حالة ظهور أعراض الفُصال العظمي على الرُّكبة.

## تمرين 1: تحسين توازن الرُّكبة من خلال تقوية العضلات

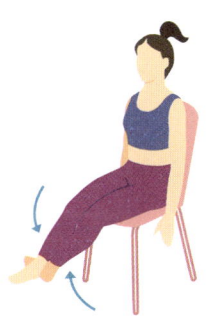

في وضعية الجلوس، أرح الفخذين جيدًا على المقعد، وافرد ساقيك إلى الأمام، بحيث يكون كاحل إحداهما فوق الآخر. ارفع الساق التي توجد في الأسفل إلى الأعلى، مع إنشاء مقاومة من الساق التي توجد فوقها. تتعرض عضلة الفخذ (عضلات الفخذ) لحالة من الشد والانبساط. استمر لمدة خمس ثوانٍ، ثم غيِّر وضعية الساقين، وكرر التمرين عشر مرات لكل وضعية.

## تمرين 2: المحافظة على انبساط المفصل

كُن في وضعية الفارس الخادم، وضع رُكبتك اليسرى على الأرض، ومُد الرُّكبة اليمنى إلى الأمام، ثم أعدها إلى الوراء بحركة بطيئة ذهابًا وإيابًا، ثم غيِّر الوضع: خطوة إلى الأمام بالقدم اليمنى. تكرار الحركة للخلف وللأمام سيعمل بشكل جيد على شد مفصل الرُّكبة وبسطه. كرر التمرين عشر مرات على كل جانب.

## تمرين 3: تخفيف الضغط عن عظمة الرضفة عن طريق شد عضلات الفخذ

الاحتفاظ بالوضع واقفًا والساقان في وضع مستقيم مع ضمهما بعضهما إلى بعض، ثم ثني إحدى الساقين تجاه الأرداف، مع إمساك الكاحل بقبضة اليد. أمِل الحوض قليلًا نحو الأمام محتفظًا بالفخذين مضمومتين بعضهما إلى بعض. يجب أن تشعر بانبساط الفخذ وشدها. كرر التمرين عشر مرات على كل جانب.

# تقوية الوركين

تكرار التمارين هو سر الحصول على نتائج رائعة.

## تمرين 1: تحريك المفصل

استلقِ على جانبك وإحدى قدميك مثنية والأخرى مستقيمة، ثم ارفع القدم المستقيمة، ارفعها ثلاث أقدام عن الأرض. استمر لمدة عشر ثوانٍ، ثم أعدها إلى مكانها برفق. كرر التمرين عشر مرات على كل جانب.

## تمرين 2: العمل على انبساط المفصل

اجلس على مقعد مرتفع (أو طاولة) وضع كلتا ساقيك جنبًا إلى جنب، وارفع القدم اليسرى وضعها على مقعد منخفض أمامك، ثم ارفع القدم اليمنى عن الأرض وحركها جانبًا، ثم أعدها إلى وضعيتها، بحيث يُحرَّك مفصل الفخذ بطريقة دائرية. كرر التمرين عشر مرات على كل جانب.

## تمرين 3: تقوية عضلات الألوية

استلقِ على بساط مع ثني ساقيك، وضع يديك جانبًا، وراحتي يديك في مواجهة السماء، وارفع الحوض من دون أن يتقوس الظهر. احتفظ بهذه الوضعية التي تتسبب في تقلص وانقباض عضلات الألوية لمدة خمس ثوانٍ، ثم أرِح الحوض. كرر هذا التمرين عشر مرات.

## الاحتفاظ بأصابع رشيقة وخفيفة الحركة

يُعَد الاهتمام بتقوية أصابعك وتعزيز حركتها أمرًا ضروريًّا منذ لحظة الإصابة بداء الفُصال العظمي للحد من حدوث إعاقة مستقبلية.

### تمرين 1: تقوية قبضة اليد

أحضر كرة إسفنجية، واقبض عليها بقوة بكف يدك لمدة خمس ثوانٍ، ثم اتركها. كرر التمرين عشر مرات في كل يد.

### تمرين 2: العمل على انبساط حركة المفصل

ضع كلتا يديك في وضع أفقي على طاولة ذات سطح أملس، ثم حركهما في اتجاهك ببطء، مع مد أصابعك جيدًا. احتفظ بهذه الوضعية لعدة ثوانٍ. كرر هذا التمرين خمس مرات.

### تمرين 3: تحسين حركة الإبهام وانبساط المفصل

ضع يدك اليمنى على الطاولة، ثم ضع كوبًا فارغًا بين إبهام وسبابة تلك اليد، ثم باستخدام اليد اليسرى ادفع الكوب بين الإصبعين لإجبار مفصل الإبهام اليمنى على أن ينفتح لأقصى درجة. احتفظ بهذه الوضعية لمدة خمس إلى عشر ثوانٍ ثم أرخِ يدك. افعل الشيء نفسه باليد اليسرى.

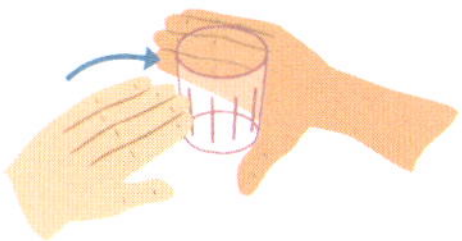

## عندما يتعلق الأمر بالمفاصل الأخرى

فيما يلي بعض التمارين الحركية التي يجب عليك أداؤها في حالة الإصابة بداء الفُصال العظمي في مفاصل معينة تبدو في أغلب الأحيان أقل تأثرًا.

### تمرين 1: إراحة الظهر وتهدئته

في أثناء الاستلقاء على الفراش، أرخِ جسدك، ثم اجذب رُكبة واحدة برفق إلى صدرك مستخدمًا يديك الاثنتين، مع ثني المرفقين، من دون إنهاك نفسك. يجب أن تبقى الساق الأخرى في وضع مستقيم. احتفظ بهذه الوضعية لمدة خمس ثوانٍ، ثم أرخِ جسدك. كرر التمرين على الساق الأخرى، ويكرر خمس مرات.

## تمرين 2: إرخاء الكتفين

احتفظ بالوضع واقفًا، والساقان متباعدتان قليلًا، وضع إحدى يديك على قطعة أثاث طويلة أو مقعد بذراعين أو حافة نافذة، انحنِ قليلًا إلى الأمام وأرح رأسك على يدك الموضوعة على قطعة الأثاث. دع ذراعك الأخرى تتدلى إلى أسفل وحرِّكها لتصنع دوائر وهمية صغيرة. أوقف الحركة، ثم ارفع صدرك، وكرر التمرين خمس مرات، ثم مرِّن الذراع الأخرى.

## تمرين 3: تليين المرفق

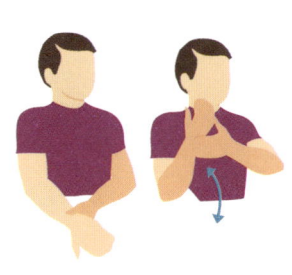

احتفظ بوضعية الجلوس في مواجهة منضدة، وضع المرفق (الأيمن على سبيل المثال) على المنضدة، وراحة اليد تكون موجهة إلى السماء، وباستخدام يدك الأخرى ادفع المعصم (الأيمن) إلى الأعلى لثني الكوع، حتى تلامس اليد (اليمنى) الكتف التي توجد على الجانب نفسه، ما لم تشعر بالألم. إذا كان كوعك يؤلمك، فلا تتردد في وضع منشفة أو وسادة أسفله. كرر هذا التمرين عشر مرات، وافعل الشيء نفسه مع المرفق الآخر.

# ردود الأفعال الصحيحة في تحركاتنا اليومية

لا يتعلق الأمر بتكدير صفو حياتك، يجب فقط أن تتبنى عادات جديدة في أثناء تحركاتك التي لا تنتهي طوال اليوم. الهدف هو استخدام مفاصلك برفق وبحذر لتودع الألم.

## كيِّف أثاثك مع مشكلاتك الصحية

- الفراش ذو الأرجل العالية هو الأفضل إذا كنت تعاني أعراض تيبس في الظهر صباحًا. يُمكنك أن تجلس قليلًا على طرف الفراش قبل أن تنهض عن مكانك، حتى يقل الضغط والإجهاد على منطقة الظهر.
- ستدين رقبتك لك بالشكر إذا وفرت لها وسادة إسفنجية مرنة.
- يُفضل الجلوس على مقعد ذي مسندين للذراعين في أثناء مشاهدة التلفاز أو الإبحار في قراءة كتابك المفضَّل، وستشكرك كتفاك شكرًا جزيلًا.

## ارتدِ أحذية ملائمة

لا داعي لارتداء الأحذية ذات الكعب العالي الضيق في أثناء السير، فهي تلحق ضررًا كبيرًا بالرُّكبتين. اختر الكعب الذي يتراوح ارتفاعه بين 1 و2 سم كحد أقصى. وألقِ دائمًا نظرة فاحصة على نعل الحذاء الذي تشتريه، فكلما كان أكثر سمكًا حظيت بحماية أكبر لرُكبتيك وكاحليك. إذن، قل وداعًا للأحذية الضيقة!

ولا تنسَ أن طبيب الأقدام يمكنه أن ينصحك باختيار نعل مناسب يتلاءم مع حالتك المرضية.

## اكتسب عادات صحيحة جديدة

### يوميًّا

- حاول أن تغيِّر ساقك الداعمة للجسم بانتظام إذا كنت تعاني الفُصال العظمي في الرُّكبة.
- عند الاستحمام، ضع في حسبانك أن تجلس على مقعد صغير إذا كان الوقوف يسبب لك ألمًا في رُكبتيك.
- إذا كنت من محبي الاستحمام بصورة متكررة، فزوِّد حوض الاستحمام الخاص بقضيب حديدي مثبت في الجدار لتتمكن من النهوض عن مكانك بسهولة. يجب أيضًا أن تضع أسفلك بساطًا غير قابل للانزلاق، وهو مفيد للغاية لتفادي الانزلاق أو السقوط.
- بالنسبة إلى التسوق، اختر عربة تسوق مناسبة (لا تلجأ مرة أخرى إلى استخدام أكياس التسوق!)، وبدِّل ذراعيك حتى لا يستمر الضغط على مفصل واحد.

### عند إنجاز بعض الأعمال المنزلية

- التنظيف بالمكنسة الكهربائية: لا تحنِ ظهرك، وضع إحدى ساقيك في المقدمة، والساق الأخرى في الخلف، واتكئ على الساق الأمامية وبدِّل الساقين.
- الكي: ضع لوح الكي في وضع منخفض، أي بمعدل 15 سنتيمترًا تقريبًا أسفل مرفقك. ستشعر دائمًا براحة في كتفيك. وبدِّل ساقك الداعمة للجسم بانتظام.
- مسح الأرضية: تأهب لهذه المهمة بواسطة مكنسة ذات مقبض طويل ودلو مزود بنظام لعصر الماء.

### عند العمل على الحاسوب

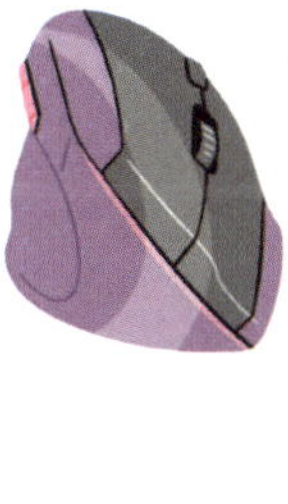

- زوِّد نفسك بفأرة صحية ومريحة، ويجب ألا يكون المرفق مرتفعًا في أثناء الضغط على لوحة المفاتيح، بل يكون مستقرًا على الطاولة، ويجب ضبط ارتفاع الشاشة لكيلا تجهد عنقك.
- يجب ألا تتجاهل فترات الراحة! كلما مرت ساعتان، انهض عن مقعدك (مهما كان مريحًا) وأدِّ بعض تمارين استرخاء مفاصل الظهر، والكتف، والرقبة وتليينها.

> **أخبرني يا دكتور جوود**
>
> **ما الأوضاع التي يجب تجنبها في حالة الفُصال العظمي للرُّكبة؟**
>
> - جلسة القرفصاء.
> - الانحناء لفترة طويلة (كُن حذرًا في أثناء القيام بالأعمال المنزلية).
> - صعود الدرج وهبوطه (يُفضل استخدام المصعد عندما يكون ذلك ممكنًا).

# الأجهزة الطبية المساعدة

هي معدات طبية صغيرة وأدوات عبقرية يُطوِّرها، في أغلب الأحيان، أطباء إعادة التأهيل الذين يمدون يد العون للمريض لمساعدته على اجتياز أزمته المَرضية الصعبة، وتجنب تفاقم حالته، وجعل الحياة اليومية أسهل.

## دعامة الرُّكبة أو الكاحل لممارسة الرياضة

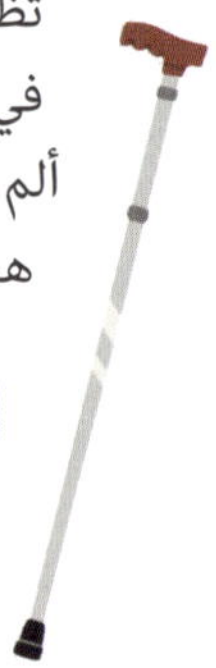

تظهر أهميتها عندما تضعف المفاصل وتتلف، وفي أغلب الأحيان يكون اللجوء إليها بعد حدوث التواء في المفصل أو تدخل جراحي. من الأدوات المهمة أيضًا طوق العنق، الذي تكمن فائدته في حالة وجود ألم أو تيبس أو تصلب في الرقبة أو وصول الفُصال العظمي إلى العنق. يجب أن تستشير الطبيب. (تُباع هذه الأدوات في الصيدليات).

## العصا ليست لكبار السن فحسب!

عصا السير تشبه إلى حدٍّ ما قَدمًا ثالثة. ليس من السهل التعود عليها، لكن يجب عدم التقليل من أهميتها. يُلجأ إليها لتقليل الضغط على منطقة الورك أو الرُّكبة المصابة. ويُفضل استخدام العصا ذات المقبض الذي يشبه حرف «T»، فهي تمنح شعورًا أكثر بالراحة. (تُباع هذه العصا في متجر المعدات الطبية).

## النعل المصنوع حسب الطلب لتصحيح الخلل في التوازن

دائمًا ما تكون النعال العظمية، أو أدوات تقويم عظام اللفافة الأخمصية، قابلة للإزالة أو للانزلاق في الأحذية. وتُصنع وفقًا لقياسات محددة من قِبل طبيب العظام، ويصفها الطبيب لتصحيح خلل وضعية الجسم الذي يسبب ضغطًا شديدًا على المفصل. يمكن أن تسبب القدم غير المتوازنة، أو الساق القصيرة عن الأخرى، ضغطًا غير طبيعي على الرُّكبة ينتج عنه حدوث ألم مبرح في أثناء السير. لكي تكون هذه النعال أكثر فاعلية، يجب على المريض أن يرتديها في جميع الأوقات.

## كثير من الأدوات المساعدة الصغيرة الرائعة لليدين

إذا فقدت يداك خفة الحركة والرشاقة، فلا تتوانَ عن اللجوء إلى استخدام المقصات المزودة ببطانة مريحة للأصابع، والكماشة الصغيرة لتسهيل التقاط الأشياء الصغيرة، وإبر الحياكة المخصصة، وغيرها من الأدوات التي يمكنك العثور عليها على المواقع المتخصصة عبر شبكة الإنترنت مثل: www.aflar.org.

### نصيحة الدكتور جوود المُثلى!

**في حالة الإصابة بالفُصال العظمي للأصابع، اغمس يديك في طبق من العدس المجفف سبق تسخينه قليلًا في الميكروويف، للاستفادة من التأثيرات المهدئة للحرارة، وتسهيل الحركات الصغيرة للأصابع التي ستعجن العدس برفق. لماذا العدس؟ ليس لقيمته الغذائية بالطبع، لكن لأن صغر حجم حباته يجعله مرنًا بشكل فريد من نوعه.**

## الوصفة الصحية

مجموعة الحلول المقدمة لعلاج الفُصال العظمي متنوعة، وإليك ما يجب مراعاته.

### للأشخاص الأكثر عُرضةً لخطر الإصابة بداء الفُصال العظمي (النمط الأول)

- **ليس من السابق لأوانه أن تبدأ في العناية بمفاصلك!** إذا كان تاريخ العائلة المَرضي أو نمط حياتك يصنفانك ضمن أولئك الأشخاص الأكثر عُرضةً للخطر، فلا شيء يبقى على حاله. تستطيع الآن، من خلال تبني أسلوب حياة جديد وصحي، أن تمنح نفسك فرصة أفضل للحفاظ على مفاصل تتسم بالمرونة ورشاقة الحركة لفترة أطول.

### للأشخاص الذين يعانون بالفعل داءَ الفُصال العظمي (النمطان الثاني والثالث)

- **يبقى تخفيف الآلام من دون التسبب في آثار جانبية ضارة هو التحدي الحقيقي!** مسكنات الألم ومضادات الالتهاب مفيدة للغاية، لكن لا يتمكن الجسم من الصمود أمامها. عندما تصبح هذه الأدوية أقل فاعلية، اطرح على نفسك هذه الأسئلة الجوهرية: هل يجب مراجعة الجرعة، أو تغيير نوع الدواء؟ أليس الآن وقت مناسب للجوء إلى الحقن الموضعي؟ هل تسمح لي المفاصل الاصطناعية بإزالة الألم نهائيًا؟

- **العلاجات التكميلية مفيدة للغاية!** اللجوء إلى جلسات منتظمة من العلاج الطبيعي والعلاج بواسطة المياه المعدنية الحارة والعلاجات العشبية والحلول البديلة للأدوية أمر ضروري، فحاول التعرف على ما يناسبك.

- **لا شيء أفضل من ارتفاع معنوياتك لتُبلي بلاءً حسنًا وتتعافى من الفُصال العظمي!** لا يوجد حل نهائي لعلاج الفُصال العظمي، لكن يمكن أن تستقر حالتك، وتنسى الألم لفترات طويلة من الوقت، خصوصًا إذا كنت تلعب دورًا محوريًا في هذه المسألة. لا تظل جامدًا ساكنًا مكانك، واعكف على ممارسة التمارين الموصى بها بانتظام، وستلاحظ أنك تحرز تقدمًا ملحوظًا (الألم يقل، وثمة سهولة ومرونة أكثر في أثناء الحركة، إلخ).

# إلى اللقاء بعد ستة أشهر

أظن أنه بامتلاكك لهذا الكتاب، أصبحت تملك كل الحلول للوقاية من الفُصال العظمي وتخفيف حدة آلامه. لكن كيف ستضع هذه الحلول حيز التنفيذ؟ وما العادات الجديدة التي ستتبناها؟ وما العلاجات التي ستلجأ إليها لتعود عليك بالنفع؟ قيِّم نفسك بعد مرور ستة أشهر من خلال الإجابة عن هذا الاستبيان القصير.

## الجانب الوقائي: 5 أسئلة رئيسية

| | | |
|---|---|---|
| لقد غيَّرت نظامك الغذائي (مزيد من الخضراوات والفاكهة، تتناول منتجات اللحوم بصورة أقل، تستخدم زيت الزيتون، إلخ): | نعم ☐ | لا ☐ |
| تمارس المشي كثيرًا الآن: | نعم ☐ | لا ☐ |
| تمارس الرياضة مرَّة واحدة في الأسبوع (السباحة، ركوب الدراجة، إلخ): | نعم ☐ | لا ☐ |
| عندما تنهض عن فراشك في الصباح تبدأ يومك بأداء تمارين تنشيط المفاصل المشار إليها: | نعم ☐ | لا ☐ |
| اعتدت اتخاذ الوضعيات الصحيحة في أثناء تحركاتك اليومية: | نعم ☐ | لا ☐ |

## الجانب العلاجي: 10 أسئلة رئيسية

| | | |
|---|---|---|
| خضعت لبرنامج علاج يحتوي على المكملات الغذائية العشبية، وهذا ما يمنحك شعورًا بالراحة الآن: | نعم ☐ | لا ☐ |
| قللت من تناول الأدوية المضادة للالتهابات: | نعم ☐ | لا ☐ |
| تتناول دائمًا الأدوية المضادة للالتهابات في أثناء تناول وجبات الطعام: | نعم ☐ | لا ☐ |
| تلقيت علاجًا بأحد مراكز العلاج بالمياه المعدنية الكبريتية الحارة لمدة ثلاثة أسابيع وقل احتياجك إلى مسكنات الألم: | نعم ☐ | لا ☐ |
| تذهب بانتظام إلى أخصائي العلاج الطبيعي: | نعم ☐ | لا ☐ |
| تؤدي كل يوم التمارين التي أوصى بها أخصائي العلاج الطبيعي: | نعم ☐ | لا ☐ |
| حقن الرُّكبة بحمض الهيالورونيك سمح لك باستئناف الركض الخفيف من دون أن ينتابك شعور بالألم: | نعم ☐ | لا ☐ |
| تعرضت للحقن بواسطة عقار مضاد للالتهابات في الرُّكبة وخفف من حالتك: | نعم ☐ | لا ☐ |
| قررت تركيب مفصل اصطناعي: | نعم ☐ | لا ☐ |
| كُللت عملية تركيب المفصل الاصطناعي بالنجاح: | نعم ☐ | لا ☐ |

## حان الوقت لتقييم نفسك وتحديد موقفك

**إجمالي الإجابات بـ«نعم»** ☐

- **أكثر من 10 إجابات بـ«نعم»:** لقد أبليت بلاءً حسنًا، وأحرزت تقدمًا رائعًا! واصل السير على هذا الدرب لتحسين أنماط حياتك.
- **أقل من 5 إجابات بـ«نعم»:** لقد شرعت بالفعل في إجراء بعض التغييرات، لكن لكي يحالفك الحظ وتبتسم لك الحياة، عليك بتحفيز نفسك وإحراز تقدم ملحوظ باتباع النصائح المقدمة لك بدلًا من المعاناة وتكبد الخسائر.

# لمزيد من المعلومات

## وثائق

**فيما يتعلق بإلغاء سداد تكاليف الأدوية المضادة لالتهاب المفاصل:** مرسوم صادر بتاريخ يناير 2015، وزارة الشؤون الاجتماعية والصحة وحقوق المرأة، NORAFSS 1501424A.

**فيما يتعلق بفاعلية مادة الجلوكوزامين:** الجلوكوزامين والكوندرويتين لعلاج الفُصال العظمي: تقييم منهجي لجودة المادتين وتحليل شمولي، Mc Alindon TE, LaValley MP, Gulin JP, Felson DT, Jama 2000, 2015.

**دراسة العلاج الحراري للفُصال العظمي:** تقييم فاعلية العلاج الحراري (SMR) في مركز للعلاج بالمياه المعدنية الكبريتية الحارة لمدة ثلاثة أسابيع لعلاج الفُصال العظمي في الرُّكبة، أُجريت هذه الدراسة في عام 2015، بواسطة الجمعية الفرنسية للبحوث الحرارية (AFRETH) في ثلاثة منتجعات صحية حرارية على 462 مريضًا.

## كتب مرجعية

**التغلب على الفُصال العظمي، أحدث وسائل علاج الفُصال العظمي والتهاب المفاصل**، شارلوت تورمينت، دار نشر ألبن، 2015.
يقدِّم الطبيب عرضًا تفصيليًّا للأشكال المتعددة للفُصال العظمي والتهاب المفاصل، ويوضِّح كيفية تشخيصهما وعلاجهما.

**حلول فعَّالة للفُصال العظمي**، الدكتور لوران جرانج، دار نشر سولار، 2016.
شرح تفصيلي لكل ما تود معرفته بشأن الفُصال العظمي، بقلم أحد أخصائي أمراض المفاصل.

**نجحت في التغلب على الفُصال العظمي**، لورا أزينارد، دار نشر تييري سوكار، 2015.
خلاصة تجربة سيدة أُصيبت بالفُصال العظمي في الركبة.

**الدليل الشامل لأمراض الفُصال العظمي**، جيروم أوجيه، البروفيسور فرنسيس بيرينباوم، 2016.
دليل إرشادي وعملي لتسكين آلام الفُصال العظمي، مع 60 وضعية مصوَّرة.

**الأطعمة التي تساهم في علاج الفُصال العظمي**، سيسيل بيرتران، دار نشر تييري سوكار، 2019.
مجموعة من الأطعمة السحرية وكيفية إعدادها، الطُّرق المُثلى لتغذية وتقوية الغضاريف مع 47 وصفة سهلة التحضير.

## مواقع متخصصة

**الجمعية الفرنسية لمكافحة أمراض المفاصل (AFLAR):** تأسست عام 1928، وتضم جميع الجمعيات المتخصصة في الاضطرابات العظمية المفصلية. الهدف: تحسين جودة الرعاية، ومساعدة المرضى على التعايش بصورة أفضل مع حالتهم المَرضية، وتقديم الرعاية لهم.

www.aflar.org

**الجمعية الفرنسية لأمراض المفاصل (SFR):** تهتم بتقديم معلومات مهمة حول المفاصل وإرشادات لتمارين يمكن أن يمارسها المريض بنفسه.

https://sfr.larhumatologie.fr/

**stop-arthrose.org:** منصة تقدم حلولًا، خُصصت لمشكلات الفُصال العظمي.

**arthrocoach.com:** خدمة مجانية عبر الإنترنت لدعم من يعانون داء الفُصال العظمي، وتقدم دعمًا يوميًّا، إضافةً إلى التدريب على تناول الأطعمة الصحية وممارسة الأنشطة البدنية.

**arthrolink.com:** موقع عملي يحوي معلومات مفيدة ومقاطع فيديو يُصورها أخصائيو العلاج الطبيعي وأخصائيو أمراض المفاصل، ويشرحون من خلالها التمارين الموصى بها لكل مفصل مصاب على حدة.

## معلومات للمرضى

**Allô rhumatismes 08 10 42 02 42:** رقم مخصص للاستفادة من دعم المتطوعين، ومعظمهم من المرضى أنفسهم.

**دليل الجمعيات الصحية:**

www.annuaire-aas.com

**الوكالة الوطنية لسلامة الأدوية والمنتجات الصحية (ANSM):**

https://www.ansm.sante.fr

**المنتجعات الصحية الموجهة لأمراض المفاصل:**

إيكس ليه با

بالاروك لي باين

داكس

روشيفورت

مونت دور

**دار جامعة حمد بن خليفة للنشر**
**صندوق بريد 5825**
**الدوحة، دولة قطر**

www.hbkupress.com

Published in the French language originally under the title:
**Les Cahiers Dr. Good! L'arthrose, je peux agir !**


© 2020, Éditions Solar, an imprint of Edi8, Paris, France.

جميع الحقوق محفوظة.

لا يجوز استخدام أو إعادة طباعة أي جزء من هذا الكتاب بأي طريقة دون الحصول على الموافقة الخطية من الناشر باستثناء حالة الاقتباسات المختصرة التي تتجسد في الدراسات النقدية أو المراجعات.

إن الآراء الواردة في هذا الكتاب لا تعبر بالضرورة عن رأي الناشر.

الطبعة العربية الأولى عام 2022
دار جامعة حمد بن خليفة للنشر

الترقيم الدولي: 9789927161209

تمت الطباعة في بيروت-لبنان.

---

**مكتبة قطر الوطنية بيانات الفهرسة – أثناء – النشر (فان)**

بيرا، دومينيك، مؤلف.

[L'arthrose je peux agir!]. Arabic

خشونة المفاصل داء له دواء / د. دومينيك بيرا ؛ رسوم كي لام وكميل باني ؛ ترجمة د. باسم صابر ميخائيل. الطبعة العربية الأولى. – الدوحة، دولة قطر : دار جامعة حمد بن خليفة للنشر، 2022.

64 صفحة : إيضاحيات ملونة ؛ 24 سم. – دفاتر الدكتور جوود!

تدمك: 978-992-716-120-9

ترجمة لكتاب: L'arthrose je peux agir!.

1. المفاصل -- الأمراض -- الكتيبات، الموجزات الإرشادية، إلخ.. 2. إلتهاب المفاصل -- المرضى. أ. لام، كي، رسام. ب. باني، كميل، رسام. ج. ميخائيل، باسم صابر، مترجم. د. العنوان. هـ. السلسلة.

RC933. B57125 2022

616.72– dc23

202228520415